AF561344

Henri Focillon

Henri Focillon

Das Leben der Formen

Aus dem Französischen
von Gritta Baerlocher

L.S.D.

Was ist Stil? Was ist Materie? Woraus entstehen Kunstwerke eigentlich? Ist es die Leinwand, auf die gemalt wird, sind es die Steine, aus denen erbaut wird, ist es die Tinte, mit der geschrieben wird? Dieses Buch gibt Antwort, doch nicht als kunsttheoretische Schrift, sondern als Lobgesang. Es feiert die Formen, die uns umgeben und die wir in Malerei, Architektur und Poesie erst zu Kunstwerken gestalten können, als lebendige Wesen. Wobei die größte Künstlerin unter allen die Natur ist: Denn auch die Natur erschafft Formen. Sie drückt den Dingen, aus denen sie besteht, und den Kräften, mit denen sie sie belebt, Figuren und Symmetrien auf – und zwar so gut, dass man manchmal glaubt, in ihr das Werk eines Gott-Künstlers zu sehen.

Henri Focillon hatte *Das Leben der Formen* im Jahr 1933 in nur sechs Wochen verfasst, und erklärte, dieser Text enthalte alles, was er als Kunsthistoriker zu sagen habe. Ein kluger, gewichtiger Aufsatz und doch mit so leichter Hand geschrieben, dass man meint, an einem Sonntagmorgen durch eine Kunstaustellung zu flanieren.

Der französische Kunsthistoriker *Henri Focillon* (1881–1943) wurde 1913 Professor in Lyon, 1925 an der Sorbonne und 1938 am Collège de France in Paris. Ab 1940 lebte er in den USA, wo er an der Yale University lehrte. Focillon schrieb u. a. über Romanik, europäische Malerei des 19. und 20. Jahrhunderts und buddhistische Kunst. Zuletzt erschien bei Steidl die Neuauflage seines 1934 erstmals publizierten Essays *Lob der Hand*.

Inhalt

I. Die Welt der Formen

Die Deutung des Kunstwerkes schafft Probleme, deren Gegensätzlichkeit beinahe etwas Quälendes an sich hat. Das Kunstwerk ist ein Versuch zu etwas Einzigartigem, es gibt sich als ein Ganzes, als ein Absolutes, gehört aber gleichzeitig einem System komplexer Beziehungen an. Es geht aus einer unabhängigen Tätigkeit hervor, es überträgt eine höhere und freie Träumerei, aber es ist auch der Ausdruck für die treibenden Kräfte ganzer Kulturen, die in ihm zusammenfließen. Es ist also – wenn wir vorläufig die Ausdrücke offensichtlicher Gegensätze beibehalten – Materie sowohl als Geist, es ist Form und es ist Inhalt. Die Menschen, die sich um seine Deutung bemühen, bestimmen es je nach den Bedürfnissen ihrer Natur und der Besonderheit ihrer Forschungen. Sein Schöpfer aber, wenn er innehält, um es zu betrachten, stellt sich auf eine andere Ebene als jener, der es kommentiert, und selbst wenn er sich der gleichen Ausdrücke bedient, braucht er sie doch in einem anderen Sinn. Wer es mit wahrer Innigkeit auskostet – und er ist vielleicht der feinfühlendste und weiseste Betrachter –, der liebt es um seiner selbst willen; er glaubt, es zu erfassen, seinem Wesen nach zu besitzen, und umhüllt es mit dem Schleier seiner eigenen Träume. Es ist der fliehenden Zeit einverleibt und gehört doch der Ewigkeit an. Es ist etwas Besonderes, örtlich Begrenztes, Individuelles, und ist doch zugleich ein universaler Zeuge. Aber es steht über seinen verschiedenartigen Bedeutungen, und wenn es seinerseits dazu dient, die Geschichte, den Menschen und sogar die Welt zu erläutern, so ist es anderseits selbst Schöpfer des Menschen, Schöpfer der Welt, und setzt in der Geschichte eine Ordnung ein, die allein auf sich selbst beruht.

So wuchert um das Kunstwerk eine üppige Vegetation, mit der die Interpreten es manchmal in so hohem Maße umgeben, dass sie es uns ganz und gar entziehen. Und doch liegt in seiner Eigenart, alle Deutungs-Möglichkeiten in sich aufnehmen zu können – vielleicht weil sie ungeschieden in ihm selber enthalten sind. Dies ist eine Seite seines unsterblichen Lebens und, wenn man so sagen darf, die Ewigkeit seiner Gegenwart, der Beweis seiner Überfülle an Bedeutungen für den Menschen, seiner unerschöpflichen Anziehungskraft. Wenn man aber das Kunstwerk gewaltsam besonderen Zwecken dienstbar macht, entkleidet man es seiner zeitlosen Würde, man nimmt ihm das Vorrecht des Wunderbaren. Ist diese Einzigartigkeit, gleichzeitig außerhalb der Zeit zu stehen und doch der Zeit untertan zu sein, eine einfache Erscheinungsform des Eigenlebens der Kulturen innerhalb eines Kapitels der allgemeinen Geschichte, oder bedeutet dies ein selbständiges Universum, das sich der übrigen Welt anfügt und das seine eigenen Gesetze, seine Materie, seine Entwicklung, eine eigene Physik, Chemie und Biologie besitzt und eine besondere Menschheit erzeugt? Um tiefer noch über das Kunstwerk nachzuforschen, müsste man es vorübergehend isolieren können. Dann hätten wir eine Möglichkeit, es *sehen* zu lernen, denn es ist vor allem für das Auge geschaffen. Der Raum ist sein Reich; zwar nicht der Raum der gewöhnlichen Tätigkeit, der des Strategen, des Reisenden, sondern der Raum, der von Kräften gestaltet wird, die durch Materie und Bewegung bestimmt sind. Das Kunstwerk ist Maß des Raumes, es ist Form, und das gilt es vor allem zu berücksichtigen.

Balzac schreibt in einer seiner politischen Abhandlungen: »Alles ist Form, und das Leben selbst ist eine Form«. Es lässt sich nicht nur jede Tätigkeit in dem Maß unterscheiden und bestimmen, wie sie Form annimmt und wie sie ihre Kurve im Raum und in der Zeit schreibt, sondern auch das Leben selbst handelt im Wesentlichen als etwas Formschöpfendes. Das Leben ist Form, und die Form ist die Art und Weise, wie sich das Leben abspielt. Die Beziehungen, die in der Natur die Formen untereinander verbinden, können nicht reine Zufälligkeit sein; was wir als das natürliche Leben bezeichnen, ist als eine notwendige Beziehung zwischen den Formen zu bewerten, ohne die es nicht bestehen könnte. Das gleiche gilt für die Kunst. Die formalen Beziehungen innerhalb eines Werkes und zwischen den Werken bilden eine höhere Ordnung, ein Gleichnis für das Weltall.

Wenn wir aber die Form als Kurve einer Tätigkeit ansehen, sind wir zwei Gefahren ausgesetzt. Zunächst derjenigen, die Form zu entblößen, sie auf einen Umriss, auf ein Diagramm zu reduzieren. Wir müssen aber die Form in ihrer ganzen Fülle und mit all ihren Äußerungen betrachten, die Form als Gestaltung des Raumes und der Materie, ob sie sich nun im Gleichgewicht der Massen, in den Variationen von Hell und Dunkel, im Ton, im Strich, im Fleck manifestiere, ob sie gebaut, gehauen, gemalt oder graviert sei. Andererseits müssen wir uns hüten, auf diesem Gebiet Kurve und Aktivität je zu trennen und letztere gesondert zu beachten. Das Erdbeben kann unabhängig vom Seismographen bestehen und die meteorologischen Schwankungen unabhängig von den Aufzeichnungen der Nadel; das Kunstwerk aber existiert nur insofern es Form ist. Anders ausgedrückt: Das Werk ist nicht die Spur oder die Kurve der Kunst, insofern diese eine Tätigkeit darstellt, sondern es ist die Kunst selber; es bezeichnet sie nicht bloß, es erzeugt sie. Die Idee eines Kunstwerkes ist nicht das Kunstwerk. Keine noch so reiche Sammlung von Kommentaren und Memoiren von Künstlern, die von ihrem Gegenstand am stärksten besessen sind und zur Schilderung in Worten am fähigsten wären, könnte das unbedeutendste Kunstwerk ersetzen. Um zu existieren, muss es sich loslösen, muss aus dem Gedanken hervortreten, in den Raum eingehen; die Form muss den Raum messen und bestimmen. Gerade in dieser Äußerlichkeit liegt sein inneres Prinzip. Das Kunstwerk wird unter unseren Augen und unter unseren Händen zu einer Art von Einbruch in eine Welt, die nichts Gemeinsames mit ihm hat, es sei denn das vermeintliche Abbild in denjenigen Künsten, welche man als nachbildende Künste bezeichnet.

Auch die Natur schafft Formen. Sie drückt den Dingen, aus denen sie besteht, und den Kräften, mit denen sie sie belebt, Figuren und Symmetrien auf – und zwar so gut, dass man manchmal glaubt, in ihr das Werk eines Gott-Künstlers zu sehen, eines verborgenen Hermes und Erfinders von Form-Kombinationen. Die feinsten und schnellsten Wellen besitzen eine Form. Das organische Leben zeichnet Spiralen, Kreise, Mäander, Sterne. Wenn ich es erforschen will, dann mit Hilfe von Form und Zahl. Aber vom Augenblick an, wo diese Formen in den Raum der Kunst und die ihr eigene Materie eingehen, erlangen sie einen neuen Wert, erzeugen sie noch nie dagewesen Systeme.

Doch wir ertragen es nur schwer, dass diese Neuschöpfungen ihre fremde Eigenheit behalten. Immer werden wir versucht sein, in der Form noch einen anderen Sinn als nur sie selber zu suchen, und den Begriff der Form mit dem des Abbildes, das die Darstellung eines Gegenstandes miteinbezieht, und vor allem mit dem Begriff des Zeichens selbst zu verwechseln. Das Zeichen bezeichnet etwas, während die Form für sich selber besteht. Und vom Augenblick an, wo das Zeichen einen hervorragenden formalen Wert erwirbt, wirkt dieser formale Wert mächtig auf den Wert des Zeichens als solches. Er kann es entleeren oder ablenken, er kann es einem neuen Leben zuführen. Denn die Form ist von einem Lichthof umgeben. Sie ist zwar strenge Bestimmung des Raumes, aber auch Anreiz und Veranlassung zu anderen Formen. Die Form setzt sich im Imaginären fort, oder besser gesagt: Sie ist wie eine Art Ritze, durch die wir in einen unbestimmten Bereich, der weder der Raum noch das Gedachte ist, eine Flut von Bildern einlassen können, welche Leben annehmen wollen. So erklären sich vielleicht alle ornamentalen Abwandlungen des Alphabetes und spezieller noch der Sinn der Kalligraphie in den Künsten des Fernen Ostens. Das Zeichen, nach ganz bestimmten Regeln behandelt, mit dem Pinsel gemalt, mit Haar- und Grundstrich, mit Stauungen und Dehnungen, mit Fiorituren und Abkürzungen, die ebenso vielen Manieren entsprechen, füllt sich mit einer Symbolik, welche die Semantik überlagert und überdies so sehr erstarren und sich fixieren kann, dass sie zu einer neuen Semantik wird. Das Spiel dieses Austausches, dieses Übereinanderschieben von Form und Zeichen findet in unserer nächsten Nachbarschaft ein Beispiel in der ornamentalen Behandlung des arabischen Alphabetes und in der Verwendung der kufischen Buchstaben durch die christliche Kunst des Westens.

So wäre die Form also leer, eine Art Ziffer, die durch den Raum irrt, auf der Jagd nach einem Inhalt, der ihr entflieht? Ganz und gar nicht. Die Form hat einen Sinn, der nur von ihr selbst herrührt, einen persönlichen und eigenen Wert, den man nicht mit den Attributen verwechseln darf, die man ihr aufzwingt. Sie hat eine eigene Bedeutung, und sie empfängt Bedeutungen von außen. Eine gebaute Masse, eine Farbenbeziehung, der Pinselstrich eines Malers, eine gestochene Linie haben ihr Eigendasein und tragen ihren Wert zuallererst in sich selbst; sie besitzen einen physiognomischen Charakter, der überzeugende Ähnlichkeit mit demjenigen der Natur haben kann, sich aber nicht mit ihm deckt. Aus der Gleichsetzung von Form und Zeichen folgt die konventionelle Unterscheidung zwischen Form und Inhalt, die uns leicht irreführen kann, wenn wir vergessen, dass der grundsätzliche Inhalt der Form ein *formaler* Inhalt ist. Die Form ist weit davon entfernt, zufällige Verkleidung des Inhalts zu sein; es sind die verschiedenen Bedeutungen des Letzteren, die ungewiss und unveränderlich sind. In dem Maß wie sich alte Bedeutungen auflösen und in Vergessenheit geraten, hängen sich neue Bedeutungen an die Form. Das Ornamentennetz, in dem die Götter und Helden Mesopotamiens gefangen sind, verändert den Namen ohne die Gestalt zu ändern. Mehr noch, sobald die Form auftritt, kann sie auf verschiedene Arten *gelesen* werden. Selbst in den Jahrhunderten, welche im höchsten Grade organisch sind, wo die Kunst so strengen Regeln folgt, ähnlich denjenigen einer Mathematik, einer Musik und einer Symbolik, wie Mâle es gezeigt hat,[1] selbst da darf man sich fragen, ob der Theologe, der das Programm diktiert, der Künstler, der es ausführt, der Gläubige, der es als Lehre aufnimmt, ob sie alle drei die Form in derselben Weise auslegen. Es gibt einen Bezirk im geistigen Leben, wo auch die eindeutigsten Formen ein ganz verschiedenes Echo wecken. Was Barrès aus der Sybille von Auxerre herauszuholen vermochte,[2] wenn er die Materie mit einer wundervollen und freien Träumerei umgibt, aus der wir sie im Dunkel der Zeit und der Kirche geformt sehen, das hat in anderer Weise, und im Rahmen seines handwerklichen Denkens auch der Künstler vermocht, und das hat, wieder anders, der Priester vermocht, der die Idee des Ganzen ausdachte, und nach ihnen haben es viele Träumer vermocht, indem sie alle Möglichkeiten herausfühlten, welche die Form im Ablauf der Generationen weiterentwickelt.

Man kann die Ikonographie auf verschiedene Art auffassen, sei es als die Variation der Formen über eine und dieselbe Bedeutung oder als die Variation der Bedeutungen über eine und dieselbe Form. Beide Methoden setzen die gegenseitige Unabhängigkeit der beiden Begriffe in gleicher Weise ins Licht. Bald ist die Form, welche auf verschiedenartige Bedeutungen ein Art Anziehungskraft ausübt oder vielmehr zum Hohlmodell wird, das der Mensch abwechselnd mit verschiedenen Materien füllt, die sich der Wandung, welche sie zusammenpresst anpassen und auf diese Weise eine unerwartete Bedeutung annehmen. Bald ergreift die zwingende Starrheit der gleichen Bedeutung Besitz von formalen

Experimenten, die sie nicht notwendigerweise hervorgerufen hat. Es kommt vor, dass sich die Form vollständig entleert, dass sie lange den Tod ihres Inhalts überlebt und sich sogar mit befremdender Fülle erneuert. Die sympathetische Magie ahmte die Verknotungen der Schlange nach und hat damit das Flechtband erfunden. Die ursprüngliche Bedeutung dieses Zeichens als Schutz kann kaum bezweifelt werden. Es lebt eine Spur davon in den symbolischen Attributen Äskulaps weiter. Aber das Zeichen wird zur Form und erzeugt in der Welt der Formen eine ganze Reihe von Figuren, die von nun an keine Beziehung mehr zu ihrem Ursprung haben. Es eignet sich mit seiner unerhörten Fülle von Variationen für den monumentalen Schmuck bestimmter christlicher Gemeinschaften des Orients; es formt dort aufs Engste miteinander verknüpfte ornamentale Motive; bald fügt es sich zu Synthesen, die sorgfältig den Zusammenhang ihrer Teile verbergen, bald unterwirft es sich dem analytischen Genie des Islams, der es zur Konstruktion und Isolierung regelmäßiger Figuren benützt. In Irland taucht es auf als flüchtiger, immer wieder begonnener Traum einer chaotischen Welt, die in ihren Falten Splitter oder Keime von Geschöpfen verbirgt. Es legt sich um die alte Ikonographie und verschlingt sie. Es schafft ein Weltbild, das mit der Welt nichts gemein hat, eine Denkart, die mit dem Denken nichts gemein hat.

Auch wenn wir uns damit begnügen, einfache Linienschemata zu betrachten, so drängt sich uns die Vorstellung einer gewaltigen Wirksamkeit der Formen auf. Diese Formen streben mit äußerster Kraft danach, Wirklichkeit zu werden. Etwas Ähnliches finden wir in der Sprache. Das Wortzeichen kann ebenfalls zum Gefäß verschiedener Inhaltsbedeutungen werden und zur Form erhoben, die sonderbarsten Abenteuer erleben. Dabei vergessen wir die gerechtfertigten Einwände nicht, die Michel Bréal[3] der von Arsène Darmsteter[4] in seiner »Vie des mots« formulierten Theorie entgegenstellte. Diese scheinbar unabhängige »Vegetation« drückt gewisse Seiten des Verstandeslebens, der aktiven und passiven Fähigkeiten des menschlichen Geistes, eine wunderbare Gewandtheit im Entstellen und Vergessen aus. Aber man muss zugeben, dass sie ihre Verfallserscheinungen, ihre Wucherungen, ihre Ungeheuerlichkeiten hat. Ein unvorhergesehenes Ereignis ruft sie hervor, ein Schock, der mit einer den geschichtlichen Gegebenheiten fremden und überlegenen Kraft die seltsamsten Zerstörungsprozesse, Ablenkungen und Erfindungen auslöst und in Tätigkeit setzt. Wenn wir von diesen tiefen und komplexen Schichten des Sprachlebens zu den höheren Regionen übergehen, wo die Sprache einen ästhetischen Wert erwirbt, dann sehen wir das schon formulierte Prinzip, auf dessen Auswirkungen wir im Verlauf unserer Untersuchung noch oft stoßen werden, von Neuem bestätigt: Das Zeichen dient einem Inhalt, drückt etwas aus, aber sobald es Form wird, strebt es danach, für sich selbst zu stehen, sich selbst auszudrücken, es erschafft seinen eigenen neuen Sinn, es sucht sich einen Inhalt, es gibt der Form durch Assoziationen oder durch Spaltung der verbalen Formen ein neues Leben. Der Kampf zwischen den beiden Prinzipien, dem puristischen nämlich und dem sinnentstellenden, der wie ein Ferment wirkt, dieser Kampf ist eine ungestüm zwiespältige Episode innerhalb dieser Entwicklung. Man kann ihn auf zwei Arten auslegen: als Streben nach der größten semantischen Energie, oder als Doppelaspekt jener inneren Arbeit, welche auch außerhalb der sich wandelnden Bedeutungsmaterie Formen hervorbringt.

Die plastischen Formen zeigen nicht weniger bemerkenswerte Eigenheiten. Wir haben allen Grund anzunehmen, dass sie eine Ordnung bilden und dass diese Ordnung von der Bewegtheit des Lebens durchpulst ist. Sie sind dem Prinzip der Verwandlungen unterworfen, das sie dauernd erneuert, und dem Stilprinzip, das danach strebt, ihre Beziehungen zu erproben, sie festzulegen und aufzulösen.

Das Kunstwerk, ob es nun aus Steinen aufgebaut, in Marmor gehauen, in Bronze gegossen, unter Lack fixiert, in Kupfer gestochen oder in Holz geschnitten ist, das Kunstwerk ist nur scheinbar unbewegt. Es drückt einen Wunsch nach Beständigkeit aus, es ist ein Augenblick des Anhaltens, doch gleichsam ein Augenblick in der Vergangenheit. In Wirklichkeit entsteht es aus einer Veränderung und bereitet eine andere vor. In ein und demselben Bild sind viele Bilder enthalten, wie in jenen Skizzen, auf denen die Meister, auf der Suche nach der Richtigkeit oder Schönheit einer Bewegung, mehrere Arme, die von derselben Schulter ausgehen, übereinander zeichnen. Es wimmelt in den Bildern Rembrandts von Rembrandt-Entwürfen. Die Skizze bringt das Meisterwerk in Bewegung. Zwanzig neue, oder bevorstehende Erfahrungen stehen wie ein Netz hinter der eindeutig bestimmten Sinnfälligkeit des Bildes. Doch diese Bewegtheit der Form, diese Fähigkeit, eine Vielfalt von Bildern hervorzurufen, wird noch bedeutender, wenn man ihr in enger gesteckten Grenzen nachgeht. Gerade die strengsten Regeln, die keinen anderen Zweck zu haben scheinen als den, die formale Materie auszutrocknen und ihr die äußerste Eintönigkeit aufzuzwingen, setzen ihre unerschöpfliche Vitalität durch die Fülle der Variationen und die erstaunliche Fantasie der Verwandlungsmöglichkeiten in besonders helles Licht. Kann man sich etwas vorstellen, was vom Leben, seinen Schwankungen, seiner Schmiegsamkeit weiter entfernt ist als die geometrischen Kombinationen des islamischen Ornamentes? Sie sind aus mathematischen Überlegungen entstanden, durch Berechnungen festgesetzt und auf Schemata von großer Nüchternheit zurückführbar. Aber innerhalb dieser strengen Grenzen sind diese Figuren von einer Art Fieber gepeitscht, das sie vervielfältigt; ein seltsamer Geist der Komplikation verflicht und verkrümmt sie, löst ihr Labyrinth auf und fügt es wieder zusammen. Selbst ihre Unbewegtheit schillert in Metamorphosen, man kann sie verschieden lesen, denn je nach ihren Grundstrichen oder Aufstrichen, nach ihren vertikalen oder diagonalen Achsen, verbirgt und enthüllt jede von ihnen das Geheimnis und die Wirklichkeit verschiedener Möglichkeiten. Eine analoge Erscheinung zeigt sich in der romanischen Plastik, wo die abstrakte Form einem chimärischen Bild aus dem Tier- oder Menschenleben als Stiel oder Stütze dient, wo das Ungeheuer, immer an eine architektonische oder ornamentale Bestimmung gebunden, unaufhörlich in nie dagewesenen Erscheinungen wiedergeboren wird, als ob es uns und sich selbst über seine Gebundenheit täuschen wollte. Dieses Ungeheuer ist gebogene Ranke, doppelköpfiger Adler, Meeressirene, Kampf zweier Krieger. Es teilt sich, windet sich um sich selbst, verschlingt sich. Ohne je über die ihm gesetzte Grenze hinauszugehen, ohne je sein eigenes Prinzip zu verleugnen, bewegt und entfaltet dieser Proteus sein frenetisches Leben, das nichts anderes ist als der Strudel und der Wellenschlag einer einfachen Form.

Man wird uns entgegenhalten, dass die abstrakte und die fantastische Form, wenn sie an fundamentale Notwendigkeiten gebunden sind und in ihnen gleichsam gefangen liegen, wenigstens frei sind gegenüber den Vorbildern der Natur und dass dies nicht zutrifft für ein Kunstwerk, welches die Erscheinung der Natur respektiert. Aber die Vorbilder der Natur können auch als Stiel und Stütze der Verwandlungen betrachtet werden. Der Körper des Mannes und der Körper der Frau können ungefähr konstant bleiben, aber die Zeichen, die sich mit Männer- und Frauenkörpern bilden lassen, sind von unerschöpflicher Vielfalt – und diese Vielfalt wirkt, bewegt und erschafft die ausgeglichensten und heitersten Werke. Wir werden keine Beispiele dafür in den Seiten der *Mangwa* suchen, die Hokusai mit seinen Akrobatenskizzen anfüllte, wohl aber in den Kompositionen Raffaels. Wenn die Daphne der Fabel in einen Lorbeer verwandelt wird, muss sie von einem Reich in ein anderes übergehen. Eine noch subtilere und nicht weniger merkwürdige Metamorphose, die den Körper einer schönen jungen Frau unangetastet lässt, führt uns von der *Madonna aus dem Hause Orléans* zur *Madonna della seggiola,* dieser wundervollen Muschel, mit ihrer so reinen und so herrlich gerundeten Volute. Aber in den Kompositionen, in denen sich breite menschliche Girlanden verknüpfen, erfassen wir das Genie der harmonischen Variationen am besten, das nicht ruht, Gestalten und Figuren wieder und wieder zu kombinieren, in denen das Leben der Formen kein anderes Ziel hat als sich selbst und seine eigene Erneuerung. Die Mathematiker der *Schule von Athen,* die Soldaten des *Bethlehemischen Kindermordes,* die Fischer des *Wunderbaren Fischzuges,* Imperia zu Füßen Apolls sitzend, vor Christus kniend, sie alle sind das immer wieder neu sich bildende Geflecht eines formalen Denkens, dem der menschliche Körper als Element und Stütze dient und das ihn in den Dienst der Symmetrie, der Kontraposte und der Wechselwirkungen stellt. Die Verwandlung der Gestalten verwandelt nicht die Gegebenheiten des Lebens, sondern setzt ein neues Leben zusammen, das nicht weniger komplex ist als jenes der Ungeheuer der asiatischen Mythologie und der romanischen Kunst. Aber während die letzteren an ein abstraktes Gerippe, an monotone Berechnungen gebunden sind, schöpft das menschliche Ornament, das identisch und in seiner Harmonie unberührt bleibt, aus dieser selben Harmonie unerschöpflich neue Gesetzmäßigkeit. Die Form kann zur Formel und zum Kanon werden, d.h. plötzlicher Stillstand, vorbildlicher Typus, aber sie ist zuallererst bewegtes Leben in einer veränderlichen Welt.

Die Verwandlungen beginnen immer wieder von Neuem, unaufhörlich. Es ist das Prinzip der Stile, das danach strebt, sie zu koordinieren und zu stabilisieren.

Der Begriff Stil trägt zwei ganz verschiedene Bedeutungen, die eigentlich entgegengesetzt sind. Der Stil ist ein Absolutes. Ein Stil ist ein Veränderliches. Das Wort Stil, dem der bestimmte Artikel vorgesetzt wird, bezeichnet eine höhere Qualität des Kunstwerks, jene Qualität, die es ihm ermöglicht, die Zeit zu überdauern, eine Art Ewigkeitswert. Der Stil, in einer absoluten Art begriffen, ist Vorbild und Beständigkeit, er ist für immer gültig, er ist wie ein Gipfel zwischen zwei Hängen, er bestimmt die Höhenlinie. In diesem Begriff drückt der Mensch sein Bedürfnis aus, sich in seiner umfassendsten Geistigkeit zu erkennen, in dem, was er über die Schwankungen der Geschichte, über das Lokale und Besondere hinaus an Beständigem und Universellem besitzt. Ein Stil hingegen ist eine Entwicklung, ein zusammengehöriges Ganzes von Formen, die durch eine allseitige Übereinstimmung zusammengehalten sind, deren Harmonie sich aber auf die mannigfaltigste Weise sucht, bildet und wieder auflöst. Es gibt selbst in den am klarsten bestimmten Stilen besondere Momente, Schwankungen, Schwächen. Das ist durch das Studium der Architekturdenkmäler seit Langem festgelegt. Die Begründer der mittelalterlichen Archäologie in Frankreich, und ganz besonders de Caumont,[5] haben uns gelehrt, dass z. B. die gotische Kunst nicht nur als eine Sammlung von Monumenten betrachtet werden dürfe: durch eine strenge Analyse der Formen wurde sie von ihnen als Stil definiert, d. h. als eine Abfolge und sogar als eine Verkettung. Eine gleiche Analyse zeigt uns, dass sich alle Künste unter dem Gesichtspunkt eines Stiles erfassen lassen – und sogar bis zum Leben des Menschen – in dem Maße wie das individuelle Leben und das geschichtliche Leben selber Formen darstellen.

Was also macht den Stil aus? Die formalen Elemente, die Merkmalswert haben, also immer wiederkehren, die seine Materialsammlung, sein Wortschatz und manchmal sein mächtiges Werkzeug sind; und in noch stärkerem Maße, wenn auch weniger augenfällig, eine Reihe von Beziehungen, eine Syntax. Ein Stil lebt durch seine Maße. Die Griechen wollten ihn nicht anders verstanden wissen, wenn sie ihn als die durch die Teile bedingten Proportionen definieren. Mehr noch als die Voluten, welche bei den Kapitellen an Stelle der Wülste treten, ist es eine Proportion, die die ionische Ordnung von der dorischen unterscheidet, und man sieht sehr wohl, dass die Säule des Tempels von Nemea ungeheuerlich ist, weil ihre Elemente zwar dorisch, ihre Maße aber ionisch sind. Die Geschichte der dorischen Ordnung, d.h. ihre Stilentwicklung, besteht einzig aus Variationen und Untersuchungen der Maße. Aber es gibt andere Epochen, in denen die einzelnen Stilelemente einen grundlegenden Wert besitzen, z.B. in der gotischen Kunst. Man könnte sagen, dass sie vollständig auf dem Spitzbogen beruht, dass sie aus ihm gebildet ist, dass sie sich in allen ihren Teilen aus ihm ableitet. Aber man darf nicht vergessen, dass es Denkmäler gibt, wo der Spitzbogen auftritt, ohne einen Stil (d.h. eine Reihe von berechneten Übereinstimmungen) hervorzubringen. Die ersten lombardischen Spitzbogen haben in Italien zu nichts geführt. Der Spitzbogenstil hat sich anderswo gebildet und hat anderswo seine Gesetzmäßigkeiten miteinander verknüpft und entwickelt.

Diese Tätigkeit eines Stiles, der im Begriff steht, sich zu bestimmen, der sich bestimmt hat und seiner Bestimmung wieder entflieht, diese Tätigkeit stellt man gewöhnlich als »Entwicklung« dar, wobei dieser Begriff in seiner allgemeinsten und unbestimmtesten Bedeutung zu nehmen ist. Während der Entwicklungsbegriff in den biologischen Wissenschaften sorgfältig kontrolliert und abgestuft wurde, hat ihn die Archäologie als bequemen Rahmen benutzt, als eine Art Registrierverfahren. Ich habe an anderer Stelle gezeigt, welche Gefahren er in sich birgt wegen seines zu unrecht harmonischen Charakters, wegen der gradlinigen Entwicklung, die er bezeichnet, wegen seiner Verwendung in zweifelhaften Fällen, wo das Kommende mit dem Vergangenen ringt, wegen des Scheinbegriffs der sogenannten »Übergänge«, wegen seiner Unfähigkeit, der revolutionären Energie der Erfinder zu weichen. Jede Deutung von Stilbewegungen muss zwei wesentlichen Tatsachen Rechnung tragen: Es können Stile, selbst in sehr nahe beieinanderliegenden Gegenden, ja sogar in der gleichen Gegend gleichzeitig auftreten; die Stile entwickeln sich in den verschiedenen technischen Gebieten, in denen sie sich auswirken, nicht in gleicher Weise. Nachdem diese Vorbehalte vorgebracht sind, kann man das Leben eines Stiles entweder als eine Dialektik oder als einen experimentellen Vorgang betrachten.

Nichts ist verlockender – und nichts ist in gewissen Fällen berechtigter – als zu zeigen, wie die Formen einer inneren Logik unterworfen sind, die sie organisiert. So wie unter den Strichen des Violinbogens auf einer vibrierenden Platte ausgebreiteter Sand in Bewegung gerät und verschiedenartige, symmetrisch aufeinander abgestimmte Figuren bildet, so ruft ein verborgenes Prinzip, das stärker und unerbittlicher ist als jede erfinderische Fantasie, die Formen eine zur anderen. Sie erzeugen sich gegenseitig durch Vervielfältigung, durch Spannungsverschiebungen, durch Entsprechungen. Das ist vor allem der Fall in dem seltsamen Reich der Ornamentik und in jeder Kunst, welche ihr Bilderschema dem Ornament entlehnt und ihm unterordnet. Denn zum Wesen des Ornaments gehört, dass es sich auf die reinsten Formen des verstandsmäßig Erfassbaren reduzieren lässt und dass die geometrische Ableitung ausnahmslos auf die Untersuchung des Zusammenhangs der einzelnen Anwendung findet. In diesem Sinne hat Baltrušaitis seine hervorragenden Studien über die ornamentale Dialektik der romanischen Plastik durchgeführt.[6] In einem solchen Bereich ist es kein Missbrauch, wenn man Stil und Stilistik gleichsetzt, d.h. wenn man einen logischen Vorgang »wiederherstellt«, der mit einer bis zum Überdruss bewiesenen Kraft und Strenge in den Stilen lebt, wobei man nicht vergessen darf, dass innerhalb von Raum und Zeit der Verlauf unregelmäßiger und weniger rein ist. Aber es ist unbedingt zutreffend, dass sich der ornamentale Stil als solcher nur durch die Entwicklung einer inneren Logik, einer Dialektik, die nur in Bezug auf sich selbst einen Wert besitzt, bildet und lebt. Seine Abwandlungen sind nicht bedingt durch die Aufnahme fremder Beiträge, nicht durch eine zufällige Wahl, sondern durch das Spiel seiner eigenen, verborgenen Gesetzmäßigkeit. Diese nimmt die Beiträge auf, sie eignet sie sich an, aber nur nach ihren eigenen Bedürfnissen. Was diese Beiträge dem ornamentalen Stil geben, ist das, was ihm gemäß ist. Er ist imstande, sie sogar zu erfinden. Daraus ergibt sich eine Nuancierung, eine Beschneidung der »Einflusstheorie«, die, allzu massiv ausgelegt und als Stoßwirkung behandelt, immer noch schwer auf gewissen Untersuchungen lastet.

Genügt diese Art, das Leben der Stile zu deuten – die sich so erfolgreich auf das spezielle Gebiet der ornamentalen Kunst anwenden lässt – in allen Fällen? Man hat sie auf die Architektur und ganz besonders auf die gotische Architektur übertragen, welche als die Entwicklung eines Lehrsatzes aufgefasst wurde, nicht nur in der Unbeschränktheit der Spekulation, sondern in ihrer historischen Wirksamkeit. Man kann in der Tat nirgendwo anders besser erkennen, wie von einer gegebenen Grundform bis in entlegene Einzelheiten glückliche Wirkungen ausgehen, die sich auf die Struktur, auf die Zusammensetzung der Massen, auf das Verhältnis zwischen den leeren und den ausgefüllten Partien, auf die Behandlung des Lichts, ja bis auf den Dekor selbst auswirken. Es gibt keine Kurvenform, die offensichtlich und in Wirklichkeit besser gezeichnet ist; aber man würde sie schlecht verstehen, ohne die Mitwirkung einer Erfahrung in jedem ihrer empfindlichen Punkte gelten zu lassen. Ich verstehe darunter ein angestrengtes Nachforschen, das auf früher Erworbenem basiert, sich auf eine Hypothese gründet, durch vernunftmäßige Reduktion geleitet und im Rahmen der technischen Möglichkeiten verwirklicht wird. In diesem Sinn könnte man sagen, dass die gotische Architektur zugleich »Versuch« und Deduktion, zugleich empirische Forschung und innere Logik ist. Ihren experimentellen Charakter beweist die Tatsache, dass trotz der Folgerichtigkeit ihrer Entwicklung gewisse Experimente sozusagen ohne Folgen geblieben sind; anders ausgedrückt, es hat Abfall gegeben. Wir kennen nicht alle Fehler, die ein gelungenes Werk gleichsam wie Schatten begleiten. Man würde wahrscheinlich Beispiele dafür in der Geschichte des Strebepfeilers finden, angefangen bei seiner Funktion, eine Mauer mit bogenförmigem Durchgang vorzutäuschen, bis zu jener, wo er selber zum Bogen wird, ehe er sich endlich als gestraffte Stütze gibt. Überdies wendet man den Begriff der Logik in der Architektur für verschiedene Funktionen an, die in gewissen Fällen übereinstimmen, in anderen aber nicht. Die Logik des Gesichtssinnes, ihr Bedürfnis nach Gleichgewicht, nach Symmetrie, deckt sich nicht notwendigerweise mit der Logik der Struktur, die ihrerseits auch nicht die Logik der reinen Deduktion ist. Das Auseinanderstreben der drei Logiken wirkt sich in gewissen Phasen im Leben der Stile – z. B. der Spätgotik – besonders stark aus. Aber man darf annehmen, dass die Experimente der gotischen Kunst, die sich in so gewaltiger und folgerichtiger Art untereinander verbinden und alle zufälligen und aussichtslosen Versuchungen aus ihrer Triumphbahn verbannen, in ihrer Folge und Verkettung eine Art ungeheure Logik darstellen, welche darin gipfelt, sich mit klassischer Sicherheit in Stein auszudrücken.

Wenn wir von der Ornamentik und der Architektur zu den anderen Künsten übergehen, und zwar besonders zur Malerei, dann sehen wir, dass sich das Leben der Formen hier durch eine größere Zahl von Versuchen offenbart, dass es häufigeren und merkwürdigeren Variationen unterworfen ist. Denn hier sind die Maßstäbe noch feiner und empfindlicher, hier verlangt die Materie selbst nach einer, umso tiefer gehenden Erforschung, je leichter zugänglich sie ist. Daher wird auch der Begriff des Stils, der sich einheitlich auf alles, auch auf die Kunst zu leben bezieht, durch Stoffe und Techniken näher bestimmt: die Entwicklung ist nicht auf allen Gebieten gleichmäßig und gleichzeitig. Vielmehr hängt der Stil in der Geschichte von einer besonderen Technik ab, welche die anderen an Wichtigkeit überragt und diesem bestimmten Stil seine Färbung gibt. Dieses Gesetz, das man als Gesetz des technischen Primates bezeichnen könnte, formulierte Brêhier im Zusammenhang mit den Kunstäußerungen der Barbaren,[7] welche zum Nachteil der menschlichen Plastik und der Architektur durch die ornamentale Abstraktion beherrscht werden. Im Gegensatz dazu liegt der Akzent des romanischen und gotischen Stils gerade auf der Architektur. Man weiß, wie im Herbst des Mittelalters die Malerei dazu neigt, über die anderen Künste zu siegen, sie zu überwuchern und sogar von ihrem Weg abzulenken. Aber innerhalb eines homogenen und seinem technischen Primat treuen Stils sind die verschiedenen Künste nicht einer dauernden Unterordnung unterworfen. Sie suchen einen Ausgleich mit der sie beherrschenden Kunst; das gelingt ihnen im Verlauf von Experimenten, von denen z. B. die Anpassung der menschlichen Form an das ornamentale Zeichen oder die Abwandlungen der monumentalen Malerei unter dem Einfluss der Kirchenfenster nicht am uninteressantesten sind; dann versucht jede, auf eigene Rechnung zu leben und sich zu befreien, bis zu jenem Augenblick, wo sie selbst dominierend wird.

Dieses in seiner Anwendung so fruchtbare Gesetz ist vielleicht nur ein Aspekt eines allgemeineren Gesetzes. Jeder Stil durchläuft verschiedene Altersstufen, verschiedene Zustände. Es handelt sich nicht darum, die Altersstufen der Stilperioden und die Lebensalter des Menschen einander gleichzusetzen, doch bildet sich das Leben der Formen nicht zufällig, es ist keine der Geschichte gut angepasste und aus ihren Notwendigkeiten hervorgegangene Hintergrundkulisse; die Formen gehorchen vielmehr bestimmten Regeln, welche ihnen eigen sind, welche in ihnen, oder wenn man will in jenen Bezirken des Geistes leben, die ihnen als Sitz und Zentrum dienen. Es ist statthaft nachzuforschen, wie diese großen, durch eine strenge Überlegung und durch aufeinander abgestimmte Experimente verbundenen Einheiten sich während der verschiedenen Veränderungen, die wir als ihr Leben bezeichnen, verhalten. Diese verschiedenen, von ihnen durchlaufenen Altersstufen sind kürzer oder länger, sind mehr oder weniger intensiv, je nach den Stilen – das experimentelle Alter, das klassische Alter, das Alter der Verfeinerung, das barocke Alter. Diese Unterscheidungen sind vielleicht nicht absolut neu; neuer aber ist die Tatsache – wie sie Déonna[8] für bestimmte Perioden mit seltener analytischer Kraft gezeigt hat –, dass diese Altersstufen, diese Phasen, in allen Umwelten, in allen geschichtlichen Perioden die gleichen formalen Charakterzüge aufweisen, sodass man also nicht überrascht zu sein braucht, wenn zwischen dem griechischen und dem gotischen Archaismus, zwischen der griechischen Kunst des 5. Jahrhunderts und den Gestalten aus der ersten Hälfte unseres 13. Jahrhunderts, zwischen der Spätgotik, diesem Barock des Gotischen, und der Kunst des Rokoko enge Beziehungen bestehen. Die Geschichte der Formen zeigt keine einheitliche, aufsteigende Linie. Der eine Stil endet, der andere entsteht. Der Mensch ist gezwungen, die gleichen Forschungen zu wiederholen; und zwar ist es der gleiche Mensch – ich meine, in Bezug auf die Beständigkeit und Identität des menschlichen Geistes –, der sie wieder beginnt.

Experimentelles Alter heißt jene Phase, in der ein Stil seine Charaktermerkmale zu bestimmen sucht. Man nennt diese Stufe gewöhnlich die archaische und legt dabei dieser Bezeichnung entweder eine verächtliche oder eine werterhöhende Bedeutung bei, je nachdem, ob man darin ein ungeschicktes Stammeln oder ein hoffnungsvolles Versprechen sieht, oder vielmehr je nach dem Zeitpunkt, in dem wir uns selbst befinden. Wenn wir im 9. Jahrhundert die Geschichte der romanischen Plastik verfolgen, sehen wir, durch welch scheinbar ungeordnete und »plumpe« Experimente die Form aus ornamentalen Variationen Vorteile zu ziehen und sogar den Menschen darin einzubeziehen sucht, indem sie ihn für bestimmte architektonische Funktionen verwendet. Der Mensch drängt sich noch nicht als Studienobjekt auf, noch weniger als universelles Maß. Die plastische Behandlung respektiert die Gewalt der Massen, ihre Dichte als Block oder Mauer. Die Modellierung bleibt wie eine leichte Wellenbewegung an der Oberfläche haften. Die dünnen und wenig tiefen Falten sind kaum mehr als eine Schrift. In dieser Weise gehen alle archaischen Künste vor: Die griechische Kunst beginnt auch mit dieser massiven Einheit, mit dieser Fülle und dieser Dichte; auch sie träumt über den Ungeheuern, die sie noch nicht vermenschlicht hat, sie ist noch nicht von der Musikalität der menschlichen Proportionen besessen, deren mannigfaltige Satzungen später ihre Klassik skandieren; sie sucht ihre Variationen in der architektonischen Ordnung, die zunächst mit Schwerfälligkeit erlebt wird. Sowohl in der romanischen als auch in der griechisch archaischen Zeit folgen die Experimente mit einer verblüffenden Geschwindigkeit aufeinander. Das 6. Jahrhundert genügt genau so wie das 11. Jahrhundert für die Ausbreitung eines Stiles; die erste Hälfte des 5. Jahrhunderts und das erste Drittel des 12. sind Zeugen seiner Entfaltung. Der gotische Archaismus ist vielleicht noch raschlebiger; er vervielfacht seine Versuche über die Struktur, schafft Typen, bei denen er, wie man meint, stehen bleiben könnte, erneuert sie, bis er mit Chartres die Gesetze für seine Zukunft in gewissem Sinn festgelegt hat. Was die Skulptur derselben Zeit anbelangt, so gibt sie uns für die Beständigkeit dieser Gesetze ein hervorragendes Beispiel; sie ist unerklärlich, wenn man sie als das letzte Wort der romanischen Kunst oder als einen »Übergang« vom Romanischen zum Gotischen betrachtet. Anstelle einer bewegten Kunst setzt sie Frontalität und Unbewegtheit, anstelle der epischen Anordnung der Giebelfelder die Gleichförmigkeit des Christus in der Glorie, von der sinnbildlichen Einheit der vier Evangelisten umgeben; in ihrer Art die Typen des Languedoc nachzuahmen, ist sie rückschrittlicher als Letztere selber, die älter sind. Sie hat die stilistischen Regeln, die der romanischen Klassik zugrunde liegen, vollkommen vergessen, und wenn sie sich daran inspiriert, dann geschieht es im entgegengesetzten Sinn. Diese Skulptur aus der zweiten Hälfte des 12. Jahrhunderts, die dem romanischen Barock zeitgenössisch ist, stellt ihre Experimente in anderer Richtung und zu anderen Zwecken an. Sie beginnt von Neuem.

Wir werden die lange Liste von Definitionen des Klassischen nicht um eine weitere zu bereichern suchen. Indem wir in ihm einen Zustand, einen Moment sehen, ist es schon benannt. Nicht ohne Berechtigung lässt das Klassische sich als Punkt der höchsten Übereinstimmung der Teile unter sich bezeichnen. Es bedeutet Beständigkeit, Sicherheit nach der experimentellen Ungewissheit. Es verleiht, wenn man so sagen kann, den beweglichen Auffassungen der vorangegangenen Frühstufe Beständigkeit und bedeutet dadurch in gewissem Sinne einen Verzicht. So erreicht das fortschreitende Leben der Stilperioden den Stil als universellen Wert und geht in ihn ein, d. h. in eine Ordnung, die allgemeine Gültigkeit hat und, jenseits der Schwankungen der Zeit, das festlegt, was wir die Höhenlinie nennen. Doch das Klassische ist nicht das Ergebnis einer Angleichung, weil es ja ganz im Gegenteil aus einem letzten Experiment hervorgeht, von dem es die Kühnheit, das Starke und Sprudelnde bewahrt. Wie sehr wünschte man, dieses alte Wort zu erneuern, das abgenutzt ist, weil es für so viele unrechtmäßige oder gar unsinnige Beweisführungen gebraucht wurde. Als kurzer Augenblick der vollen Formenbeherrschung tritt es nicht im Sinne einer langsamen und monotonen Anwendung der »Regeln« hervor, sondern als ein flüchtiges Glück, als ἄκμη der Griechen: der Balken der Waage schwingt nur noch ganz schwach. Wir warten nicht darauf, ihn von Neuem sich neigen zu sehen, und noch weniger auf den Augenblick seines absoluten Stillstehens, sondern wir warten auf das leichte, kaum merkliche Zittern, das uns im Wunder dieser zögernden Unbewegtheit sein Leben verrät.

So ist also das Klassische von Grund auf vom Akademischen getrennt, welches nur dessen lebloser Abglanz ist. Ebenso sind die Analogien und die Gleichheiten, die uns die verschiedenen klassischen Perioden manchmal in der Behandlung der Formen zeigen, nicht notwendigerweise das Ergebnis eines Einflusses oder einer Nachahmung. Die schönen, vollen, so ruhigen und so monumentalen Gestalten der Heimsuchung am Nordportal von Chartres sind sehr viel »klassischer« als die Plastiken von Reims, deren Faltenwürfe an die Nachahmung römischer Vorbilder erinnern. Das Klassische ist nicht ein Vorrecht der antiken Kunst, die verschiedene Phasen durchlaufen hat und aufhört klassisch zu sein, sobald sie zum Barock wird. Wenn die Bildhauer aus der ersten Hälfte des 13. Jahrhunderts sich dauernd am angeblichen römischen Klassizismus inspiriert hätten, von dem Frankreich so viele Spuren bewahrt, so hätten sie aufgehört klassisch zu sein. Man findet eine beachtenswerte Probe davon in einem Denkmal, das eine lange Analyse verdienen würde, der *Belle Croix* von Sens. Die Jungfrau, neben ihrem gekreuzigten Sohn stehend, ganz schlicht und wie eingeschlossen in die Reinheit ihres Schmerzes, trägt noch die Züge jener ersten experimentellen Phase des gotischen Genies, die an das frühe 5. Jahrhundert erinnert. Die Gestalt des heiligen Johannes auf der anderen Seite des Kreuzes ist in der Behandlung der Falten offensichtlich eine Nachahmung irgendeiner mittelmäßigen gallisch-römischen Plastik und fällt, besonders was die untere Körperhälfte betrifft, aus diesem so reinen Ganzen heraus. Der klassische Zustand eines Stils wird nicht von außen her »erreicht«. Die Lehre von der Nachahmung der Alten kann ebenso gut irgendeiner Romantik dienstbar gemacht werden.

Es ist hier nicht unsere Aufgabe, zu zeigen, wie die Formen aus dem klassischen Zustand zu jenen Versuchen der Verfeinerung übergehen, die, wenn sie sich auf die Architektur beziehen, manchmal kühn und paradox die Eleganz der konstruktiven Lösungen noch überbieten und schließlich zu jenem Zustand nackter Reinheit und jener berechneten Unabhängigkeit der Teile führen, welche in der sogenannten »art rayonnant« so bemerkenswert sind, – während gleichzeitig das Bild des Menschen seinen monumentalen Charakter nach und nach verliert, sich von der Architektur löst und dünn wird, sich dafür aber um neue Biegungen seiner Achsen und um subtile Übergänge der Modellierung bereichert. Die Poesie des nackten Fleisches als Thema der Kunst macht die Bildhauer gewissermaßen zu Malern und weckt in ihnen die Vorliebe für den schönen Einzelfall: Das Fleisch wird Fleisch und hört auf, Mauer zu sein. Das Ephebische in der Darstellung des Menschen ist nicht ein Zeichen für die Jugend einer Kunst: Es ist vielleicht weit eher das erste und anmutige Anzeichen eines Verfalls. Die schlanken Gestalten der *Auferstehung* am großen Portal von Rampillon, so biegsam, so flink, die Statue Adams, welche von Saint-Denis stammt, und (trotz der Überarbeitungen) gewisse Fragmente von Notre-Dame leuchten wie ein praxitelisches Licht über der französischen Kunst des ausgehenden 13. und des ganzen 14. Jahrhunderts. Man fühlt sehr gut, dass diese

Verwandtschaften von nun an nicht mehr eine bloße Geschmackssache sind und dass sie ihre Rechtfertigung in einem unergründlichen Leben finden, das in den verschiedenen Perioden und den verschiedenen Kreisen der menschlichen Kultur rastlos tätig, rastlos wirksam bleibt. Vielleicht ist es erlaubt, auch auf diese Weise – und nicht nur durch Analogie der Arbeitsvorgänge – diejenigen Züge zu erklären, welche die gemalten Frauengestalten auf den attischen Totenkrügen im 4. Jahrhundert mit jenen verbindet, die japanische Meister zu Ende des 18. Jahrhunderts für die Holzschneider als zarte, biegsame Vorbilder mit dem Pinsel zeichneten.

Und ebenso kann man in der barocken Phase die gleichen Eigenschaften in den verschiedenartigsten Milieus und Zeiten immer wiederfinden. Der Barock ist genau so wenig das Erbe Europas seit drei Jahrhunderten, wie die Klassik das Vorrecht der Mittelmeerkultur ist. Er bedeutet einen Augenblick im Leben der Formen und zweifellos den befreitesten. Die Formen haben jenes Prinzip des innerlichen Zusammenpassens vergessen oder entstellt, dessen Harmonie mit den Rahmenformen – und ganz besonders mit denen der Architektur – ein wesentliches Merkmal bedeutet. Sie leben mit Intensität für sich selbst, verbreiten sich hemmungslos, vermehren sich wie ein Pflanzenungeheuer. Sie wachsen, lösen sich dadurch ab, versuchen überall, den Raum zu überwuchern, ihn zu durchlöchern, sie machen sich alle Möglichkeiten zunutze – und beinahe könnte man sagen, dass sie diese Besitznahme richtig genießen. Sie sind vom Gegenstand förmlich besessen und werden von einer Art Wut zur Angleichung getrieben. Aber die Versuche, zu denen sie eine geheime Kraft fortreißt, gehen ständig über ihr Ziel hinaus. Diese Eigenschaften sind in der Ornamentik erstaunlich und auffallend. Nie hat die abstrakte Form, ich sage nicht einen stärkeren, aber einen augenfälligeren mimischen Wert. Und nie ist auch die Verwechslung zwischen Form und Zeichen stärker. Die Form drückt nicht mehr nur sich selbst aus, sie drückt einen eigenwilligen Inhalt aus, man zwingt sie, eine »Bedeutung« anzunehmen. Das ist der Augenblick, wo die Malerei ihre Vorherrschaft auszuüben beginnt, oder vielmehr: Alle Künste legen ihre Hilfsmittel zusammen, überschreiten die Grenzen, die sie trennten, und leihen sich ihre Wirkungen aus. Gleichzeitig wird durch eine merkwürdige Umkehrung – beherrscht von einer Sehnsucht, die ihren Ursprung in den Formen selbst hat – das Interesse an der Vergangenheit geweckt; die barocke Kunst sucht sich in den ältesten Zeiten Anregungen, Vorbilder und Stützen. Aber was der Barock in der Geschichte sucht, ist die barocke Vergangenheit. So wie Euripides oder der Tragiker Seneca (und nicht Aischylos) die französischen Dichter des 17. Jahrhunderts inspirieren, so ist die Spätgotik, diese barocke Form der Gotik, das, was der romantische Barock an der Kunst des Mittelalters geliebt hat. Wir denken nicht daran, barocke Kunst und Romantik in allen Punkten gleichzusetzen; wenn aber in Frankreich diese beiden »Zustände« der Formen unterschieden scheinen, so nicht nur, weil einer auf den anderen folgt, sondern auch weil zwischen ihnen das historische Phänomen eines Bruches besteht, eines kurzen und heftigen Intervalls, das durch eine künstliche Klassik ausgefüllt ist. Und es geschieht über den Einschnitt der Kunst von David hinweg, dass die französischen Maler Tizian, Tintoretto, Caravaggio, Rubens und später, unter dem zweiten Empire, die Meister des 18. Jahrhunderts fortsetzen.

Die Formen in ihren verschiedenartigen Zuständen schweben natürlich nicht in einer abstrakten Zone über der Erde, über den Menschen. Sie vermischen sich mit dem Leben, aus dem sie hervorgehen, wobei sie bestimmte geistige Bewegungen in den Raum übertragen. Aber ein bestimmter Stil ist nicht nur Zustand des Formenlebens oder vielmehr dieses Leben selbst, er ist eine formal gleichartige, zusammenhängende Umwelt, in deren Innerem der Mensch handelt und atmet, eine Umwelt, die sich als Ganzes verschieben kann. Wir haben verpflanzte Gotik in Nordspanien, in England, in Deutschland, wo sie mehr oder weniger kräftig nach einem mehr oder weniger schnellen Rhythmus weiterlebt, der bald ältere, lokal gewachsene Formen zulässt, die aber dem Wesen der betreffenden Formenwelt, nicht eigentümlich sind, bald eine Überstürzung oder die Frühreife der Entwicklung begünstigt. Die formalen Kreise, sesshaft oder wandernd, bringen ihre verschiedenen Typen sozialer Struktur hervor, einen Lebensstil, einen Wortschatz, Bewusstseinszustände. Allgemeiner gesagt: Das Leben der Formen prägt psychologische Landschaften, ohne die die schöpferische Kraft des Ortes undurchsichtig und unfassbar wäre für alle jene, welche daran teilhaben. Griechenland existiert als geographische Basis einer bestimmten Idee des Menschen; aber die Landschaft der dorischen

Kunst, oder vielmehr die dorische Kunst als Landschaft hat ein eigenes Griechenland geschaffen, ohne das das Griechenland der Natur nur eine lichtvolle Wüste ist; die gotische Landschaft oder vielmehr die gotische Kunst als Landschaft hat ein nie dagewesenes Frankreich geschaffen, eine französische Humanität, Horizontlinien, Städtesilhouetten, kurz gesagt eine Poetik, die aus ihr hervorgeht und nicht aus der Geologie oder den Einrichtungen der Capetinger. Aber gehört es nicht zum Wesen eines bestimmten Formenkreises, seine Mythen zu zeugen, die Vergangenheit nach dem Maß seiner Bedürfnisse zu formen? Der Formenkreis schafft seine historischen Mythen, die sich nicht nur nach dem Stand der Kenntnisse und den geistigen Bedürfnissen bilden, sondern nach den Forderungen der Form. So sehen wir z. B. eine Folge bilderreicher Fabeln der Mittelmeerantike durch die Zeiten wallen. Je nachdem, ob sie sich der romanischen, der gotischen, der humanistischen, der barocken Kunst, der Kunst Davids, der romantischen Kunst einverleiben, wechseln sie die Gestalt, sie fügen sich in andere Rahmen, sie beugen sich unter andere Kurven, und sie pflanzen im Geist der Menschen, die ihren Verwandlungen beiwohnen die verschiedenartigsten und sogar entgegengesetztesten Bilder fort. Diese Fabeln greifen in das Leben der Formen ein, nicht als eine unauflösbare Gegebenheit, nicht als ein fremder Beitrag, sondern als eine plastische und fügsame Materie.

Aber scheint es nicht, als ob wir uns dazu verleiten ließen, einen drückenden Determinismus anzuerkennen, wenn wir mit so viel Strenge die verschiedenen Prinzipien betonen, die das Leben der Formen lenken und über der Natur, dem Menschen und der Geschichte walten, sodass sie ein Universum und eine Menschheit bilden? Lösen wir damit das Kunstwerk nicht aus dem menschlichen Leben heraus und zwingen es in einen blinden Automatismus hinein? Ist es nicht von nun an in der Serie gefangen und wie von vornherein bestimmt? Dem ist nicht so. Der Zustand eines Stils – oder, wenn man will, ein Augenblick aus dem Leben der Formen – ist zugleich Bürge und Urheber der Mannigfaltigkeit. Gerade im Zustand der Sicherheit, den eine streng intellektuelle Definition gibt, ist der Geist wahrhaft frei. Einzig die Macht der formalen Ordnung erlaubt die Ungebundenheit des Schöpferischen, seinen spontanen Charakter. Die Strenge der begrifflichen Konzeption ermöglicht die größte Vielfalt an Versuchen und Abwandlungen, während der

Zustand unbestimmter Freiheit unvermeidlich zur Nachahmung führt. Selbst wenn man diese Grundsätze bestreiten wollte, würden uns zwei Beobachtungen die Tätigkeit und sozusagen das Spiel des einmaligen schöpferischen Aktes in so gut aufeinander abgestimmten Einheiten zum Bewusstsein bringen.

Die abstrakten Formen leben nicht durch ihr eigenes Schema, durch ihre inhaltslose Verkörperung. Ihr Leben vollzieht sich in einem Raum, der nicht der abstrakte Rahmen der Geometrie ist; es nimmt Gestalt an in der Materie, durch Werkzeuge, in den Händen der Menschen. Hier leben sie und nicht anderswo; also in einer ungeheuer konkreten, ungeheuer vielfältigen Welt. Die gleiche Form bewahrt ihr Maß, ändert aber die Qualität, je nach der Materie, dem Werkzeug, der Hand. Sie ist nicht ein und derselbe auf verschiedene Papiere gedruckte Text, denn das Papier ist nur der Träger des Textes: Bei einer Zeichnung hingegen ist das Papier Lebenselement, ist es »au coeur«. Eine Form ohne ihren Träger ist nicht Form und der Träger selbst ist Form. Es ist also notwendig, die unendliche Mannigfaltigkeit der Techniken in die Genealogie des Kunstwerkes einzubeziehen und aufzuzeigen, dass das Prinzip jeder Technik nicht Trägheit, sondern Tätigkeit ist.

Aber auch den Menschen selbst muss man betrachten, der nicht weniger mannigfaltig ist. Die Quelle dieser Mannigfaltigkeit liegt nicht im Einklang oder Missklang der Rasse, des Lebenskreises und des Augenblicks, sondern in einem anderen Lebensbezirk, der seinerseits wieder Beziehungen und Einklänge noch heiklerer Art in sich schließt als jene, die die allgemeinen Gruppierungen in der Geschichte bedingen. Es gibt eine Art geistige Ethnographie, welche sich über die am klarsten bestimmten Rassen hinweg kreuzt, Geistesfamilien, welche durch geheime Bande verbunden sind und sich beharrlich jenseits von Zeit und Raum wiederfinden. Vielleicht verlangt jeder Stil, jeder Stilzustand und jede Technik vorzugsweise eine bestimmte Menschennatur, eine bestimmte Geistesfamilie. Auf jeden Fall sind es die gegenseitigen Beziehungen dieser drei Werte, aus denen wir das Kunstwerk zugleich als etwas Einzigartiges und als Element einer alles umfassenden Sprache erfassen können.

II. Die Formen im Raum

Der Raum ist die Stätte des Kunstwerkes, aber es genügt nicht zu sagen, dass das Kunstwerk im Raum Platz findet, sondern es behandelt ihn nach seinen Bedürfnissen, es bestimmt ihn, ja es erschafft ihn sogar so, wie er ihm notwendig erscheint. Der Raum in dem sich das Leben bewegt, ist eine Gegebenheit, dem sich das Leben unterwirft: Der künstlerische Raum dagegen ist plastische und wandelbare Materie. Vielleicht besteht für uns seit wir unter der Herrschaft der albertinischen Perspektive stehen, eine gewisse Schwierigkeit, dies anzuerkennen; aber es gibt viele andere Perspektiven, und selbst die verstandesmäßige, welche den Raum der Kunst gleich dem natürlichen Raum des Lebens erschafft, ist, wie wir noch sehen werden, beweglicher als man es gewöhnlich meint und wunderlicher Paradoxe und Täuschungen fähig. Wir müssen uns bemühen, als berechtigte Behandlung des Raumes all das gelten zu lassen, was sich seinen Gesetzen entzieht. Überdies zielt die Perspektive nur auf die Darstellung eines dreidimensionalen Gegenstandes in einer Ebene und das ist nur ein Problem aus einer sehr langen Reihe von Fragen. Halten wir von vornherein fest, dass es unmöglich ist, sie alle *in abstracto* zu betrachten und auf eine bestimmte Zahl allgemeiner Lösungen zu reduzieren, welche für die Einzelanwendungen zutreffen würde. Die Form ist nicht von ungefähr Architektur, Skulptur oder Malerei. Welcher Art die Wechselbeziehungen unter den Techniken auch sein mögen, wie entscheidend sich die Vorherrschaft der einen von ihnen über die anderen geltend macht, so ist doch die Form zu allererst durch das besondere Gebiet, auf dem sie sich auswirkt, näher bestimmt und nicht durch einen verstandesmäßigen Wunsch; ebenso verhält es sich mit dem Raum, den sie fordert und sich zusammensetzt.

Dennoch gibt es eine Kunst, welche scheinbar fähig ist, sich ohne Veränderung in die eine oder andere Technik zu versetzen: nämlich die Ornamentik – vielleicht das erste Alphabet des menschlichen Denkens, als sich dieses mit dem Raum auseinandersetzte. Dabei ist die ornamentale Kunst mit einem ganz besonderen Leben begabt, das sich manchmal sogar in seinem Wesen verändert, je nachdem das Ornament aus Stein, Holz, Bronze oder aus Pinselstrichen besteht. Aber es bleibt schließlich ein sehr breiter Spekulationsraum, etwas wie eine Beobachtungsstation, von wo aus es möglich ist, bestimmte elementare allgemeine Gesichtspunkte vom Leben der Formen in ihrem Raum zu erfassen. Noch bevor es Rhythmus oder Zusammenspiel wird, belebt das einfachste ornamentale Thema die Biegung einer Kurve oder ein Laubwerk (das eine ganze Zukunft von Symmetrie, Entsprechungen, Trennungen, Entfaltungen, Windungen in sich fasst), die Leere, in der es auftritt und verleiht ihr ein vordem nicht vorhandenes Dasein. Selbst wenn es weiter nichts ist als ein dünner gewundener Strich, wird er schon zu einer Grenze und zu einem Weg. Er rundet das unfruchtbare Feld, in das er sich einschreibt, ab; er fasert es aus und teilt es auf. Er existiert nicht nur an sich, er gestaltet auch seine Umwelt, da *seine* Form ihr die Form verleiht. Wenn wir deren Verwandlungen folgen und uns nicht damit begnügen, nur ihre Achsen und ihr Gerüst zu betrachten, sondern alles, was sie unter dieser Art von Geheimschrift umschließt, dann sehen wir eine unendliche Mannigfaltigkeit von Raumblöcken, die ein gestückeltes, von Einschiebseln durchsetztes Universum ausmachen. Bald bleibt der Grund breit sichtbar, und das Ornament verteilt sich darauf in regelmäßigen Reihen, schachbrettartig; bald wuchert das ornamentale Thema in ausschweifender Üppigkeit und verschlingt die ihm zur Grundlage dienende Fläche. Je nachdem, ob die Leere bestehen bleibt oder aufgehoben wird, ergeben sich zwei Figurenordnungen. Im ersten Fall scheinen der breit ausgesparte Raum und die Form diese intakt zu halten und für ihre Festigkeit zu bürgen. Im zweiten Fall zeigen die Figuren die Neigung, sich mit ihren betreffenden Kurven zu vermählen, zu vereinen, zu vermischen. Von der logischen Regelmäßigkeit der Entsprechungen und Berührungen gehen sie über zu jener wellenförmigen Stetigkeit, in der das Verhältnis der Teile nicht mehr unterscheidbar ist, in der Anfang und Ende sorgfältig verborgen bleiben. Dem System der Reihe (mit fortlaufenden klar zergliederten, stark rhythmisierenden Elementen, die einen unveränderlichen, symmetrischen Raum bestimmen, der sie gegen das Unvorhergesehene der Verwandlungen schützt) macht das System des Labyrinthes Platz, das in einem schillernden Raum nach beweglichen Synthesen vorgeht. Im Innern dieses Labyrinthes, wohin das Auge vordringt ohne sich zurechtzufinden, wo es unfehlbar abgelenkt wird durch eine lineare Laune, die sich scheinbar verbirgt, um ein geheimes Ziel zu erreichen, entsteht eine neue Dimension, die weder Bewegung noch Tiefe ist, uns aber die Illusion davon gibt. Das Ornament in den keltischen Evangeliaren, das sich unaufhörlich übereinander schiebt und verschmilzt, obschon es durch die Begrenzung der Buchstaben und der Felder gehalten wird, scheint sich auf verschiedenen Ebenen nach unterschiedlichen Geschwindigkeiten fortzubewegen.

Man sieht also, dass für das Studium des Ornamentes diese Grundelemente nicht weniger wichtig sind als die reine Gestaltlehre und Entwicklungsgeschichte. Vielleicht liefe dieser kurze Überblick Gefahr, systematisch und abstrakt zu erscheinen, wenn nicht ein für alle Mal feststünde, dass dieses seltsame ornamentale Reich, dieser auserwählte Schauplatz der Verwandlungen, eine ganze Flora und Fauna von Zwittern hervorgerufen hat, welche sich den Gesetzen einer Welt unterwerfen, die nicht die unsrige ist. Ihre Dauer und Virulenz sind erstaunlich; obschon sie Mensch und Tier in ihren Bereich aufnimmt, gibt sie ihnen in nichts nach, sondern verleibt sie sich ein. Unaufhörlich bilden sich neue Figuren auf Grund derselben Themen. Geboren aus den Bewegungen eines imaginären Raumes, erscheinen sie in den gewöhnlichen Regionen des Lebens absurd und zum Untergang verurteilt. Doch diese Fauna der Formlabyrinthe wächst und vermehrt sich umso leidenschaftlicher, je mehr sie der Herrschaft der Letzteren unterworfen ist. Diese Zwitter leben nicht nur in den festgeknüpften Netzen, welche die Künste Asiens und die romanische Kunst so kräftig geschlungen haben. Man findet sie auch in den Mittelmeerkulturen, in Griechenland, in Rom, wo sie als Ablagerungen älterer Kulturen erscheinen. Es ist klar – um nur von den Grotesken zu reden, welche die Menschen der Renaissance wieder in Mode brachten – dass diese reizvollen menschlichen Gewächse, in einen weiten Raum verpflanzt und sozusagen der freien Luft wiedergegeben, in ihrer Form entartet sind und ihre starke und scheinbar widersinnige Lebensfähigkeit verloren haben. Auf den hellen Mauern der Loggien wirkt ihre Eleganz trocken und hinfällig. Es sind nicht mehr die wilden, unaufhörlich von Verwandlungen getriebenen Ornamente, die sich selbst unerschöpflich weiterzeugten, sondern Museumsstücke, die, aus ihrem heimatlichen Boden herausgerissen und gut sichtbar auf einem leeren Hintergrund, harmonisch und tot scheinen. Ob sichtbarer oder verborgener Grund, ob Stütze, die zwischen den Zeichen wahrnehmbar und fest bleibt oder sich deren Wechselwirkungen zugesellt, ob jene Fläche, die sich in der Einheit und Starrheit behauptet oder unter den Figuren wogt und in ihren Strömungen mitschwingt, immer handelt es sich um einen von der Form gebildeten oder zerstörten, einen durch sie belebten, modellierten Raum.

Doch wir sagten es schon: über das Ornament spekulieren heißt über die Macht der Abstraktion und die unendlichen Hilfsquellen der Einbildung spekulieren, und es könnte nur allzu offensichtlich scheinen, dass der ornamentale Raum mit seinen Archipelen, deren Küstenrändern, deren Ungeheuern, nicht eigentlich Raum, sondern nur ein von willkürlichen und veränderlichen Gegebenheiten darstellt. Es scheint, dass es um die Formen der Architektur ganz anders bestellt ist und dass sie auf die passivste und strengste Weise räumlichen Voraussetzungen unterworfen sind, die sich nicht verändern können. Dem ist wirklich so, denn diese Kunst wird im Wesentlichen und bestimmungsgemäß im wirklichen Raum ausgeübt, dem Raum, wo wir uns bewegen und wo unser Körper tätig ist. Aber betrachten wir nun die Art in der die Architektur vorgeht und nach der die Formen sich aufeinander abstimmen, um diesen Bezirk auszunützen und um ihm, vielleicht, ein neues Gesicht zu geben. Die drei Dimensionen machen nicht nur die Besonderheit der Architektur aus, sondern sie bedingen auch ihren Stoff, die Schwere und das Gleichgewicht. Das Verhältnis, in dem sie in einem Bau zueinanderstehen, ist nie ein beliebiges und auch nicht ein beständiges. Die jeweilige Ordnung der Proportionen wirkt bei ihrer Behandlung mitbestimmend, sie gibt der Form ihre Originalität und modelliert den Raum nach gerechneten Maßen. Das Lesen des Grundrisses, dann das Studium des Aufrisses geben nur eine sehr unvollständige Vorstellung dieser Verhältnisse. Ein Gebäude ist nicht nur eine Sammlung von Flächen, sondern eine Summe von Teilen, deren Länge, Breite und Höhe in einer bestimmten Art aufeinander abgestimmt sind, und sie bilden eine festgefügte Neuschöpfung, die aus einem inneren Volumen und einer äußern Masse besteht. Ohne Zweifel geht aus dem Lesen des Grundrisses viel hervor, er zeigt das Wesentliche des Programms auf und erlaubt dem geübten Auge, die wichtigsten konstruktiven Lösungen zu erkennen. Eine gut unterrichtete und auf reichlichen Beispielen fußende Erinnerung kann theoretisch den Bau nach dem Grundriss rekonstruieren, und der Unterricht der Schulen lehrt uns, für jede Kategorie von Grundrissen alle in der dritten Dimension möglichen Folgerungen, sowie auch die exemplarische Lösung für einen gegebenen Grundriss vorauszusehen. Aber diese Art der Reduktion, oder wenn man so will, diese Abkürzung der Arbeitsvorgänge umfasst nicht die ganze Architektur, sie nimmt ihr das hauptsächliche Vorrecht, welches darin besteht, einen ganzen Raum zu besitzen, und zwar nicht nur als ein massives Objekt, sondern auch als hohle Form, die den drei Dimensionen einen neuen Wert aufzwingt. Die Begriffe Grundriss Struktur, Masse sind unaufhörlich miteinander verbunden, und es ist gefährlich, die einen von den anderen zu trennen. Das ist auch nicht unser Vorhaben, wohl aber möchten wir, wenn wir den Akzent auf die Masse legen, zunächst begreiflich machen, dass es nicht möglich ist, die architektonische Form aus dem verkürzten Raum der Projektion heraus voll und ganz zu erfassen.

Die Massen sind zu allererst durch die Proportionen bestimmt. Wenn wir als Beispiel die mittelalterlichen Kirchenschiffe ins Auge fassen, dann sehen wir, dass sie je nach ihrer Breite und ihrer Länge höher oder niedriger sind. Es ist schon sehr wesentlich, ihre Maße zu erkennen, aber diese Maße sind nichts Passives, Zufälliges oder rein vom Geschmack Abhängiges. Die Beziehungen zwischen den Maßziffern und den Raumformen gestatten, eine Wissenschaft des Raumes zu ahnen, die auch wenn sie vielleicht auf der Geometrie basiert, doch keine reine Geometrie darstellt. Wir wüssten nicht zu sagen, ob sich in der Untersuchung von Violett-le-Duc[9] über die trigonometrische Vermessung nicht ein gewisses Wohlgefallen an der Mystik der Zahlen zeigt. Aber es ist unbestreitbar, dass die architektonischen Massen nach der Beziehung der Teile untereinander und dieser Teile zum Ganzen aufs Strengste festgelegt sind. Überdies besteht ein Bau in den seltensten Fällen nur aus einer einzigen Masse. Meistens verbindet er sekundäre Massen mit Hauptmassen, und diese Art der Raumbehandlung erreicht in der Kunst des Mittelalters einen außerordentlichen Grad von Wucht, von Mannigfaltigkeit und sogar von Virtuosität. Die romanische

Auvergne gibt dafür hervorragende und wohlbekannte Beispiele in der Zusammensetzung ihrer Chorhauben, wo sich wachsende Hohlräume von den Apsiskapellen bis zur obersten Spitze der Laterne übereinander aufbauen, hinweg über die Bedachung der Kapellen des Umganges, des Chores und des rechteckigen Massives, auf dem der Turm ruht. Das Gleiche gilt für die Komposition der Fassaden, von der Westapsis der großen karolingischen Abteien bis zum harmonischen Typus der Kirchen der Normandie, mit dem Übergangsstadium der sehr ausgebildeten Vorhallen, welche als geräumige Kirchen aufgefasst sind. Es zeigt sich, dass die Fassade nicht bloße aufsteigende Mauer, sondern eine Zusammensetzung von raumfüllenden, tiefen, komplex angeordneten Massen ist. Endlich stellen die Beziehungen zwischen den Mittelschiffen und den einfachen oder doppelten Seitenschiffen, zwischen den Mittelschiffen und dem mehr oder weniger erhöhten Querschiff in der gotischen Architektur der zweiten Hälfte des 12. Jahrhunderts, die mehr oder weniger steile Pyramide, in die diese Massen sich einschreiben lassen, der durchgehende oder unterbrochene Verlauf der Profile bestimmte Probleme, welche über die Flächengeometrie hinausgehen und vielleicht auch nicht einzig und allein auf dem Spiel der Proportionen beruhen.

Denn wenn die Proportionen zur Bestimmung der Masse notwendig sind, so heißt das noch nicht, dass sie dafür genügen. Eine Masse lässt einen höheren oder geringeren Grad von Gestaltung, von Auflockerung, von Wirkung zu. Wenn sie nur die allereinfachste Mauer ist, erhält sie eine beträchtliche Festigkeit, sie lastet schwer auf ihrem Sockel, sie steht vor unseren Augen als ein kompakter Körper da. Das Licht beherrscht sie voll und ganz und wie mit einem einzigen Schlag. Viele Durchbrüche hingegen gefährden und erschüttern sie; das Verwickelte der rein ornamentalen Formen zerstört ihre Festigkeit und bringt sie zum Wanken. Das Licht kann nicht mehr darauf fallen ohne gebrochen zu werden; in diesem, unaufhörlichen Wechsel flimmert die Architektur, sie flutet, löst sich auf. Der Raum, der von allen Seiten auf der ununterbrochenen Geschlossenheit der Massen lastet, ist, wie die Massen selber unbewegt. Der Raum, der die Hohlstellen der Masse durchdringt und der sich durch das Schwellende ihrer Reliefs überwältigen lässt, wird zur Bewegtheit. Ob man Beispiele aus der Spätgotik oder aus dem Barock nimmt, immer hat die bewegte Architektur etwas vom Wind, von der Flamme und vom Licht, sie bewegt sich in einem fließenden Raum. In der karolingischen Kunst oder in der frühromanischen Kunst bestimmt die Architektur der festen Massen einen massiven Raum.

Unsere bisherigen Bemerkungen beziehen sich besonders auf die Masse im allgemeinen, doch darf man nicht vergessen, dass sie als äußere Masse und als innere Masse gleichzeitig einen doppelten Aspekt hat, und dass die Beziehung der einen zur anderen von ganz besonderem Interesse für die Erforschung der Form im Raum ist. Von diesen beiden Massen kann eine die Funktion der anderen sein, und es gibt Fälle, wo die äußere Komposition uns augenblicklich empfindungsfähig macht für die Anordnung in ihrem Innern. Aber diese Regel ist nicht beständig, und wir wissen ja, wie im Gegensatz dazu die zisterziensische Architektur eifrig bemüht war, das Verwickelte der inneren Gestaltung hinter der Einheit der äußeren Mauermassen zu verbergen. Die zellenartige Absperrung der modernen amerikanischen Bauwerke tritt in ihrer äußeren Gestalt nicht zutage. Die Masse wird als solides Ganzes behandelt, und die Architekten suchen nach dem, was sie »mass envelope« nennen, so ungefähr wie der Bildhauer vom groben Behauen des Steines ausgeht, um nach und nach die Volumen zu modellieren. Dennoch ist es vielleicht die innere Masse, in der die letzte Ursprünglichkeit der Architektur als solcher liegt. Indem sie dem hohlen Raum eine bestimmte Form gibt, schafft sie tatsächlich ihre eigene Welt. Gewiss lassen die äußeren Volumen und ihre Profile ein neues und ganz menschliches Element am Horizont der natürlichen Formen auftreten, denen die Übereinstimmung oder der Zusammenklang mit dem Ersteren, auch dann, wenn alles aufs Beste berechnet ist, immer etwas Unerwartetes hinzufügen. Wenn man es aber richtig bedenkt, so ist das merkwürdigste Wunder doch, dass man sozusagen eine Innenseite des Raumes erdacht und erschaffen hat. Der Mensch wandelt und handelt auf der Außenseite jeglichen Dinges; er befindet sich ständig außerhalb, und damit er jenseits der Oberflächen eindringen kann, muss er diese zerschlagen. Das einzigartige Vorrecht der Architektur unter allen Künsten, ob sie nun Wohnungen, Kirchen oder Schiffe erbaut, besteht nicht darin, einen zweckmäßigen Hohlraum zu beschirmen und ihn zu sichern, sondern eine innere Welt zu errichten, welche sich Raum und Licht nach den

Gesetzen einer Geometrie, einer Mechanik und einer Optik zumisst, die notwendigerweise in die natürliche Ordnung einbezogen sind, aus denen aber die Natur selber nichts macht.

Gestützt auf das Niveau der Basen und die Größenverhältnisse der Portale, zeigt Viollet-le-Duc,[10] dass selbst den mächtigsten Kathedralen noch immer der Maßstab des Menschen zugrunde liegt. Das Verhältnis zwischen diesem Maßstab und den ungeheuren Dimensionen drängt uns sowohl das Gefühl für unser eigenes Maß, das Maß der Natur selber auf, und bringt uns zugleich sinnfällig die schwindelerregende Unermesslichkeit vor Augen, die nach jeder Richtung dieses menschliche Maß übersteigt. Was die erstaunliche Höhe dieser Kirchenschiffe verlangte, war nichts anderes als die Aktivität im Leben der Formen selbst, das treibende Gesetz eines gegliederten Gefüges, und das Bedürfnis, einen neuen Raum zu schaffen. Das Licht wird dabei nicht wie eine tote Gegebenheit behandelt, sondern wie ein Lebenselement, das fähig ist, in den Kreislauf der Verwandlungen einzugehen und sie zu unterstützen. Es beleuchtet nicht nur die innere Masse, es arbeitet mit der Architektur zusammen, um sie zu formen. Es wird selbst zur Form, weil diese Strahlenbündel, die an bestimmten Punkten entspringen, zusammengepresst, verengt und gespannt werden, um jene Glieder der Struktur zu treffen, welche, oft von schmalen Rippen hervorgehoben, mehr oder weniger zusammengehören, immer in der Absicht, das Licht zu dämpfen oder spielen zu lassen. Es wird ferner zur Form, weil es keinen Eingang in das Schiff erhält, bevor es nicht durch das Netzwerk der Glasfenster gezeichnet und gefärbt wurde. Welchem Reich, welcher Region des Raumes gehören diese zwischen Himmel und Erde schwebenden und von Licht durchflossenen Figuren an? Sie sind wie Symbole jener ewigen Verwandlung, die sich unaufhörlich an den Formen des Lebens vollzieht und unaufhörlich andere Formen für ein anderes Leben daraus hervorholt, – der flache und zugleich unbegrenzte Raum der Kirchenfenster, ihre durchsichtigen, wechselnden Bilder, die körperlos und dennoch unerbittlich in der Bleiumfassung gefangen liegen; dazu kommt – in der Festigkeit der Architektur – die vorgetäuschte Bewegtheit der Räume, welche mit den tiefer werdenden Schatten wachsen, das Spiel der Säulen, die Ausladung der stufenweise ansteigenden und sich verjüngenden Schiffe.

So umhüllt der Architekt nicht das Leere, sondern einen gewissen Ort der Formen, und indem er den Raum bearbeitet, modelliert er ihn von außen und innen wie ein Bildhauer. Er ist Geometer, wenn er den Grundriss zeichnet, Mechaniker, wenn er die Struktur zusammenfügt, Maler für die Verteilung der Wirkungen, Bildhauer für die Behandlung der Massen. Er ist all das der Reihe nach und in mehr oder weniger hohem Grad, je nach den Forderungen seines Geistes und dem Entwicklungsgrad des Stils. Es wäre interessant, unter Anwendung dieser Prinzipien die Art und Weise zu erforschen, in der diese Verschiebung der Werte sich auswirkt, und zu sehen, wie sie eine Reihe von Verwandlungen bestimmt, die nicht mehr den Übergang einer Form in die andere darstellen, sondern die Überführung einer Form in einen anderen Raum. Wir haben die Wirkungen davon wenigstens erahnt, als wir in Bezug auf die Spätgotik von einer Architektur der Maler sprachen. Das Gesetz des technischen Vorranges ist ohne Zweifel das Hauptmoment für diese Übertragungen. Sie wirken sich im Bereich aller Künste aus. So gibt es eine Skulptur, die genau entsprechend für die Architektur gedacht oder, mehr noch, von ihr verlangt und erzeugt ist; und ebenso eine Skulptur, die ihre Wirkung und beinahe auch ihre Technik von der Malerei herholt.

Wir sind diesen Gedanken nachgegangen, als wir in einer kürzlich erschienenen Arbeit die monumentale Plastik definierten, um beim Studium der romanischen Kunst gewissen Problemen näher zu kommen. Um die verschiedenen Ansichten der plastischen Form im Raum zu verstehen, scheint es zunächst genügend, Flachrelief, Hochrelief und Vollplastik zu unterscheiden. Doch diese Unterscheidung, die tatsächlich dazu dient, gewisse Kategorien von Gegenständen einzuordnen, ist oberflächlich und in der Reihenfolge unserer Untersuchung sogar verfänglich. Die einen und anderen dieser Kategorien unterstehen allgemeineren Regeln, und die Deutung des Raumes wird in der gleichen Weise, je nach den Fällen, auf Reliefs und Statuen angewendet. Welches auch immer der Grad der Erhabenheit ist und ob es sich um eine Plastik auf einem Hintergrund oder aber um eine Statue handelt, um die man herumgehen kann, das Wesen der Plastik ist sozusagen »le plein«, das Kompakte. Sie kann den Inhalt des Lebens und seine innere Anordnung andeuten, aber es ist ganz klar, dass es nicht in ihrer

Absicht liegt, uns die Zwangsvorstellung des Hohlen aufzudrängen; sie ist nicht gleichzusetzen mit jenen anatomischen Figuren, die aus einer Sammlung von Teilen bestehen, einer am anderen hängend im Innern eines Körpers, der als physiologischer Sack bezeichnet werden könnte. Sie ist nicht Hülle. Sie lastet mit dem ganzen Gewicht ihrer Dichte. Das Spiel der Organe ist nur insofern von Bedeutung, als es an die Außenflächen pocht, ohne sie jedoch als Ausdruck der Volumen zu gefährden. Es ist ohne Zweifel möglich, bestimmte künstlerische Aspekte plastischer Figuren zergliedernd zu betrachten und einzeln herauszuheben. Eine ernsthafte Forschung darf das nicht unterlassen. Die Achsen geben uns die Bewegungen; je nach ihrer Anzahl, ihrem stärkeren oder schwächeren Abweichen von der Vertikalen, können sie in ihrem Verhältnis zu den Figuren gelesen werden, wie die Grundrisse der Architekten in ihrem Verhältnis zu den Bauten, mit der Einschränkung, dass sie schon einen dreidimensionalen Raum beanspruchen. Die Profile sind die Silhouetten der Figur, je nach dem Winkel, unter dem man sie betrachtet: von vorn, von hinten, von oben, von unten, von rechts, von links, und diese Silhouetten verändern sich beständig, sie »chiffrieren« den Raum auf hunderterlei Arten, je nachdem wir uns um die Statue herumbewegen. Die Proportionen bestimmen mengenmäßig das Verhältnis der Teile. Und schließlich erklärt die Modellierung, wie das Licht zu deuten ist. Aber selbst, wenn man alle diese Elemente als sehr stark aneinandergebunden auffasst und wenn man ihre enge gegenseitige Abhängigkeit nicht aus dem Auge verliert, so sind sie, wenn man sie nicht im Zusammenhang mit dem »plein«, dem Kompakten, betrachtet, wertlos. Der Missbrauch des Wortes Volumen in der künstlerischen Sprache unserer Zeit entspricht einem grundsätzlichen Bedürfnis, die unmittelbaren Voraussetzungen der Plastik oder der bildhauerischen Qualität wieder zu erfassen.

Die Achsen sind eine Abstraktion. Wenn wir ein Gerippe, eine Drahtskizze betrachten, die mit der physiognomischen Intensität aller Abkürzungen ausgestattet ist, oder auch Zeichen, die kein Bild vermitteln, wie z. B. das Alphabet, das reine Ornament also, dann umhüllt sie unser Auge, ob wir wollen oder nicht, mit ihrer Substanz und erfreut sich doppelt an ihrer kategorischen und erschreckenden Nacktheit und dem ungewissen, aber realen Dunstkreis der Volumen, mit denen wir sie gezwungenermaßen umgeben. Ebenso verhält es sich mit den Profilen, dieser Sammlung flacher Bilder, deren Aufeinanderfolge oder Übereinanderlagerung nur darum nach dem Begriff des »plein«, des Kompakten, verlangen, weil wir die Forderung dazu in uns tragen. Der Bewohner einer zweidimensionalen Welt könnte die ganze Reihe der Profile einer gegebenen Statue kennen und sich über die Mannigfaltigkeit dieser Figuren verwundern, ohne sich auch nur je vorzustellen, dass sie im Relief eine einzige Figur darstellen. Wenn man andererseits zugibt, dass die Proportionen der Teile eines Körpers ihr relatives Volumen miteinbeziehen, dann ist es klar, dass man Gerade, Winkel, Kurven bewerten kann, ohne dass notwendigerweise ein vollständiger Raum erzeugt wird; das Studium über die Proportionen findet genauso gut auf flächige Figuren wie auf Relieffiguren Anwendung. Wenn endlich die Modellierung als das Leben der Oberflächen gedeutet werden kann, dann sind die verschiedenen Flächen, aus denen sie sich zusammengesetzt, nicht das Material der Leere, sondern das Zusammentreffen dessen, was wir früher die innere Masse nannten, mit dem Raum. So getrennt betrachtet, klären uns die Achsen über die Richtung der Bewegungen auf, die Profile über die Vielfältigkeit der Konturen, die Proportionen über das Verhältnis der Teile, die Modellierung über die Topographie des Lichts; aber keines dieser Elemente, noch alle Elemente zusammen, könnten sich an Stelle des Volumens setzen, und nur wenn man dieser Erkenntnis Rechnung trägt, ist es möglich, Raum und Form in der Skulptur unter ihren verschiedenartigen Aspekten zu bestimmen.

Wir haben das durch die Unterscheidung zwischen der Raum-Grenze und dem Raum-Milieu zu erreichen versucht. Im ersten Fall lastet sie sozusagen auf der Form, sie begrenzt aufs Strengste deren Ausdehnung, die Form legt sich ihr an, wie sich eine Hand flach auf einen Tisch oder an eine Glasscheibe legt. Im zweiten Fall steht der Raum für die Ausdehnung der Volumen, die er nicht eigentlich einschließt, vollkommen offen; sie setzen sich in ihm fest, sie entfalten sich in ihm, wie die Formen des Lebens. Der Raum als Begrenzung mäßigt nicht nur das Ausgreifen des Reliefs, die Auswüchse der Auskragungen, die Unordnung der Volumen, die er in einer einzigen Masse festlegen möchte, er wirkt auch auf die Modellierung ein, deren Fluten und Tosen er dämpft. Er begnügt sich, sie durch Akzente anzudeuten, durch leichte

Bewegungen, die die Kontinuität der Flächen nicht unterbrechen, ja manchmal sogar, wie z. B. in der romanischen Skulptur, durch eine ornamentale Dekoration von Falten, die dazu bestimmt sind, die Nacktheit der Massen zu verhüllen. Im Gegensatz dazu nimmt der Raum, als Milieu gedeutet, in gleichem Maße wie er die Zerstreuung der Volumen, das Spiel der Hohlräume, die überraschenden Durchbrüche begünstigt, in der Modellierung selbst vielfältige, sich stoßende Flächen auf, die das Licht brechen. In einer ihrer charakteristischen Phasen zeigt die monumentale Skulptur die unerbittlichen Folgen des Prinzips des Raumes als Begrenzung. Die von den Notwendigkeiten der Architektur beherrschte romanische Kunst gibt der gehauenen Form, den Wert einer Form, die nur Mauer ist. Aber diese Deutung des Raumes gilt nicht nur für die Gestalten, welche die Mauern schmücken und in einem gegebenen Verhältnis zu den letzteren stehen, sie wird in gleicher Weise auch auf die Vollskulpturen angewendet, über die sie von allen Seiten her das, was man die »Haut« der Massen nennen könnte, spannt, deren Gefülltheit und Dichte dadurch sichergestellt werden. Dann scheint die Statue von einem gleichmäßigen und ruhigen Licht überzogen, das sich unter den verhaltenen Schwingungen der Form kaum bewegt. Umgekehrt aber, und in der gleichen Reihenfolge der Überlegungen betrachtet, bestimmt der als Milieu gedeutete Raum nicht nur eine gewisse Vollskulptur, er übt seine Wirkung auch auf die Hoch- und Flachreliefs aus, die durch allerlei Künsteleien die Wahrscheinlichkeit eines Raumes auszudrücken versuchen, in dem sich die Form frei bewegt. Die barocke Stufe aller Stile gibt dafür zahlreiche Beispiele. Die »Haut« ist nicht mehr ein eng angespannter Mauerüberzug, sie erzittert unter dem Druck der inneren Reliefs, die den Raum gewaltsam überwuchern und im Licht spielen möchten und wie die Sichtbarwerdung einer in ihrer Tiefe durch verborgene Bewegungen bearbeiteten Masse sind.

Es wäre möglich, auf gleiche Weise, unter Anwendung der gleichen Grundsätze, die Verhältnisse von Form und Raum in der Malerei zu erforschen, soweit diese Kunst »le plein«, das Kompakte der dreidimensionalen Gegenstände wiederzugeben trachtet. Aber über diesen scheinbar vollständigen Raum verfügt sie nicht, sie täuscht ihn vor: dabei ist dies das Ende einer ganz besonderen Entwicklung, und auch da sogar kann sie nur ein Profil zeigen anstelle eines Gegenstandes. Es gibt vielleicht nichts Bemerkenswerteres als die Abwandlungen des gemalten Raumes, doch können wir davon nur eine annähernde Vorstellung geben, denn uns fehlt noch eine Geschichte der Perspektive und ebenso eine Geschichte der Proportionen der menschlichen Gestalt. Immerhin sieht man schon so viel, dass diese so auffallenden Abwandlungen nicht nur Funktion der Zeiten und der verschiedenen Intelligenzzustände, sondern der Materie selbst sind, ohne deren Analyse jede Forschung über die Form Gefahr läuft, bedenklich theoretisch zu bleiben. Miniatur, Aquarell, Fresko, Ölmalerei, Glasmalerei könnten nicht in einem voraussetzungslosen Raum ausgeführt werden: jedes dieser Verfahren verleiht dem Raum einen spezifischen Wert. Ohne den Forschungen vorgreifen zu wollen, die getrennt durchzuführen uns gerechtfertigt scheinen, darf man annehmen, dass sich der bemalte Raum verändert, je nachdem das Licht außerhalb oder in der Malerei selbst liegt; anders ausgedrückt, je nachdem das Kunstwerk als ein Gegenstand im Universum aufgefasst ist, den das Tageslicht wie die anderen Gegenstände beleuchtet, oder als Universum selbst mit einem eigenen, inneren, nach sichern Regeln aufgebauten Licht. Zweifellos ist dieser Unterschied in der Auffassung noch an den Unterschied der Techniken gebunden, ohne in absoluter Weise davon abzuhängen. Die Ölmalerei braucht Raum und Licht nicht nachzuahmen; die Miniatur, das Fresko, und selbst die Glasmalerei können sich eine Fiktion des Lichts in einem vorgetäuschten Raum aufbauen. Berücksichtigen wir diese Art von relativer Freiheit des Raumes in Bezug auf die Materien, in denen er sich verkörpert, doch berücksichtigen wir auch die Reinheit, mit der er diese oder jene Gestalt je nach der einen oder anderen Materie annimmt.

Wir haben uns schon mit dem ornamentalen Raum befasst, als wir von diesem wichtigen Teil der Kunst sprachen, der gewiss nicht alle Wege zu ihr beherrscht, der aber während Jahrhunderten und in so vielen Ländern die menschliche Träumerei in Formen übersetzt hat. Er ist der charakteristische Ausdruck des Spätmittelalters im Westen und sozusagen die Illustration eines Gedankens, der zugunsten der Rückbildung auf die Entwicklung, zugunsten der Launen des Traumes auf die konkrete Welt, zugunsten des Flechtbandes auf die ornamentale Reihung verzichtet. Die hellenistische Kunst hatte um den Menschen einen beschränkten, aber passenden Raum ausgespart, einen städtischen oder ländlichen, Straßen- und Gartenecken, mehr oder weniger ländliche »Landschaften«, reich an elegant zusammengefügten Requisiten, um leichten Mythen und romantischen Episoden als Rahmen zu dienen. Diese Requisiten aber verhärteten sich mehr und mehr, wurden zu starren Formen ohne Fähigkeit sich zu erneuern und neigten schließlich selbst dazu, das Milieu nach und nach zu schematisieren, für dessen Topographie sie vorher noch das Maß gegeben hatten. Die Weinranken und Lauben der christlichen Pastorale begannen ihre eigene Landschaft zu verschlingen. Sie machten sie leer. Das aus den primitiven Zivilisationen wiedererstandene Ornament brauchte keine Rücksicht zu nehmen auf die Ausdehnung einer Umgebung, die in Auflösung begriffen war und keinen Widerstand mehr leistete: überdies war es seine eigene Umgebung und seine eigene Ausdehnung. Wir haben zu zeigen versucht, dass der Raum des Flechtbandornaments nicht unbewegt und flach ist: er bewegt sich, da sich ja die Verwandlungen unter unseren Augen vollziehen, nicht in getrennten Abschnitten, sondern in der verwickelten Abfolge der Kurven, der Spiralen, der verflochtenen Zweige; er ist nicht flach, da ja die Bänder, aus denen diese unbeständigen Figuren gemacht sind, gleich einem Fluss, der sich in unterirdischen Regionen verliert und wieder an die Oberfläche tritt, untereinander durchlaufen, und da ihre sichtbare Form an der Oberfläche des Bildes sich nur aus der geheimen Tätigkeit auf einer darunter liegenden Ebene erklären lässt. Diese Perspektive des Abstrakten ist, wie wir schon sagten, in der irischen Miniatur am auffallendsten. Sie liegt nicht einzig im Spiel des Geflechtes. Manchmal geben uns Verbindungen von Würfeln und unregelmäßigen vielflächigen Körpern, bei denen – ohne Anwendung von Schatten – hell und dunkel abwechselt (vergleichbar mit den isometrischen Ansichten zerstörter Gebäudekomplexe oder phantastischen Stadtplänen) die ebenso quälende wie flüchtige Illusion eines schillernden Reliefs; das Gleiche gilt für die in dunkle oder helle Windungen eingeteilten Mäander. Besonders im Westen Frankreichs hat die romanische Wandmalerei einige dieser Verfahren in der Komposition von Bordüren lebendig erhalten. Wenn es auch selten vorkommt, dass sie davon in eigentlichen Figuren Gebrauch macht, so geben doch die großen, einfarbig begrenzten Flächen, aus denen sie bestehen, nie zwei gleiche Tonwerte nebeneinander, sondern setzen einen unterscheidenden Tonwert dazwischen. Geschieht das rein nur aus dem Bedürfnis nach optischer Harmonie? Es scheint uns, dass diese, mit einer gewissen Beharrlichkeit befolgte Regel, an die Struktur des ornamentalen Raumes anknüpft, dessen eigentümliche Perspektive wir oben angedeutet haben. Die Welt der auf Mauern gemalten Figuren darf die Illusion, der Erhöhungen und Vertiefungen nicht zulassen, so wenig wie die Notwendigkeiten des Gleichgewichts bei ihnen ein Übermaß an Durchbrechungen erlauben. Einzig reine Tonunterschiede, welche die Ganzheit der Mauer respektieren, legen eine Beziehung der Teile nahe, welche man Flachmodellierung nennen könnte, um so durch einen Widerspruch in den Begriffen den optischen Widerspruch auszudrücken, der als seltsames Ergebnis daraus entsteht. So wird die Ansicht von neuem bestätigt, dass das Ornament nicht eine abstrakte Schreibweise darstellt, die in irgendeinem Raum vor sich geht, sondern dass die ornamentale Form sich ihre Raumarten schafft, oder vielmehr, dass Raum und Form – denn diese Begriffe sind untrennbar verbunden – auf diesem Gebiet sich gegenseitig mit derselben Freiheit in Bezug auf den Gegenstand und nach denselben Gesetzen in Bezug auf sich selbst erzeugen.

Wenn es aber stimmt, dass diese Begriffe im beispielhaften und klassischen Zustand jedes möglichen ornamentalen Stiles eng und tätig miteinander verbunden sind, so gibt es anderseits Fälle, wo der Raum Ornament bleibt, während der Gegenstand, der sich darin einordnet, der menschliche Körper z.B., herausgelöst ist und die Neigung zeigt, sich selbst zu genügen – und wieder andere Fälle, wo die Form des Gegenstandes einen ornamentalen Wert behält, während der Raum um ihn herum einem rationellen Gefüge zuneigt. Damit taucht der gefährliche Begriff *Hintergrund* in der Malerei auf: die Natur, der Raum sind nicht mehr länger ein Jenseits des Menschen, eine Peripherie, die ihn verlängert und zugleich einbezieht, sie werden zu einem gesonderten Gebiet, auf das der Mensch sich hinbewegt. In dieser Beziehung bildet die romanische Malerei ein Zwischenglied. Bemalte Bänder, gleichmäßige reine Farben, Blumengehege, an Portiken aufgehängte Tücher heben die Hintergründe auf; die Figuren fügen sich ohne Widersinn darin ein, sie trennen sich nicht davon ab, denn selbst wenn sie nicht streng ornamental wirken – kein klar bestimmter Architektur-Rahmen engt sie ein – so sind sie doch noch (und vor allem) Zeichen und Arabeske. Trotz der Eleganz ihres Profils könnte man die Figuren der Pariser Psalter des 13. Jahrhunderts nicht in der gleichen Art bewerten. Sie entspringen nicht einer unmöglichen Welt, sie sind zum irdischen Leben befähigt, dessen Forderungen ihre richtig gezeichneten Glieder, ihre natürlichen Proportionen respektieren: meistens aber, in einem dekorativen Architekturrahmen, heben sie sich isoliert von gestirnten Blumengehegen, von buntem Laubwerk als Hintergrund ab. Trotz der Unterschiede in der Ausführung kann man Ähnliches von Jean Pucelle und seinen Phantasiegärtchen sagen, in denen man Elemente dieser Welt und Figuren von einer seltsam nervösen Lebendigkeit wiedererkennt, die aber wie ein schmiedeeisernes Gitter ausgeschnitten sind und an einer Stange, über den leeren Rändern aufgehängt scheinen. Der Raum in den Miniaturen widersteht, wie die bemalte Wand, noch der Vorstellung des Hohlen, während die Form sich langsam am leichten Relief zu runden anfängt. Für das umgekehrte Phänomen fehlt es nicht an Beispielen in der italienischen Renaissance. Botticellis Werk gibt uns dafür außerordentlich treffende Beweise. Er kennt alle Künsteleien und manchmal wendet er sie virtuos an – die es gestatten, den linearen und ätherischen Raum mit Wahrscheinlichkeit zu konstruieren; die Wesen aber, die sich in diesem Raum bewegen, werden nicht voll und ganz durch ihn bestimmt. Sie bewahren eine geschwungene, ornamentale Linie, welche freilich nicht diejenige eines gegebenen, in ein Repertorium aufgenommenen Ornamentes ist, wohl aber eine Linie, die die Wellenbewegung eines Tänzers nachahmt, der sich absichtlich, selbst auf Kosten des physiologischen Gleichgewichts seines Körpers, abmüht, um daraus Figuren zu schöpfen. Dieses Vorrecht blieb der italienischen Kunst lange erhalten.

Etwas Ähnliches vollzieht sich im Trugbild der Mode. Es kann vorkommen, dass sie auf die natürlichen Proportionen Rücksicht nimmt und diese sogar zu betonen trachtet; meistens aber unterwirft sie die Form den erstaunlichsten Veränderungen: auch sie schafft Zwitter; sie zwingt dem menschlichen Wesen die Gestalt des Tieres oder der Blume auf. Der Körper ist nur der Vorwand, der Träger, und manchmal der Stoff zu willkürlichen Ideenverbindungen. Die Mode erfindet so eine künstliche Menschheit, die nicht der passive Schmuck der formalen

Umwelt ist, sondern diese Umwelt selbst. Diese Menschheit, die sich bald heraldisch, bald theatralisch, bald märchenhaft, bald architektural gibt, macht sich meist weniger Vernunft und Zweckmäßigkeit zur Regel, als vielmehr die Poetik des Ornamentes. Was sie Linie oder Stil nennt, ist vielleicht nichts anderes als der subtile Kompromiss zwischen einem bestimmten physiologischen, übrigens sehr veränderlichen Kanon – ähnlich den aufeinanderfolgenden Kanons der griechischen Kunst – und der Phantasie der Figuren. Diese verschiedenartigen Zusammenstellungen der Mode haben eine gewisse Kategorie von Malern, die einen Hang zum Kostüm haben, immer begeistert; andere, die sich für diese Verwandlungen, soweit sie den ganzen Körper verpflichteten, weniger empfänglich zeigten, waren es umso mehr für das Ornament der Stoffe. Was für Botticelli wahr ist, gilt nicht weniger für Van Eyck. Der riesige Hut Arnulfinis über seinem kleinen aufgeweckten, bleichen und spitzen Gesicht ist nicht irgendeine Kopfbedeckung. Und in dem unendlichen, die Zeit überdauernden Abend, in dem der Kanzler Rollin betend kniet, helfen die silber- und golddurchwirkten Blumen seines Mantels mit, den Zauber von Ort und Augenblick festzubannen.

Diese Feststellungen über die Beständigkeit gewisser formaler Werte zeigen uns nur einen Aspekt aus einem sehr vielfältig zusammengesetzten Entwicklungsvorgang. Ehe sie sich den Gesetzen des Sehens selbst unterwerfen, d.h. ehe sie das Bild des Gemäldes dem Bild auf der Netzhaut gleichsetzen, indem sie auf einer Ebene eine dreidimensionale Illusion zusammenstellen, sind Raum und Form in der Malerei durch verschiedene Zustände hindurchgegangen. Die Verhältnisse zwischen dem Relief der Form und der Raumtiefe sind theoretisch nicht auf einen Schlag festgesetzt, sondern im Verlaufe einer Reihe von aufeinanderfolgenden Erfahrungen und bedeutsamen Abwandelungen gefunden worden. Die Gestalten Giottos, diese schönen und einfachen Blöcke, stehen in einem begrenzten Raum, ähnlich dem Atelier eines Bildhauers, oder besser noch, wie auf der Bühne eines Theaters. Ein Vorhang als Hintergrund, Kulissen, auf denen – weniger als wirkliche Elemente, sondern nur ganz andeutungsweise – Teile architektonischer und landschaftlicher Szenerien sichtbar werden, halten den Blick kategorisch fest und erlauben nicht, dass Raumlöcher die Mauer zum Wanken bringen. Wohl scheint diese Auffassung manchmal einer anderen Absicht, welche ein Bedürfnis nach Betonung der Mitte ausdrückt, Platz zu machen; so z. B. die Szene der *Entsagung des heiligen Franz* in der Bardikapelle, wo der Sockel des römischen Tempels aus dem Winkel dargestellt ist und beidseitig der Vorderkante eine Fluchtlinie zeigt, die die Masse nach vorn zu schleudern und in unseren Raum hinein zu vertiefen scheint: aber ist das nicht vor allem ein Kompositionsverfahren, um die Personen zu beiden Seiten einer Senkrechten streng zu scheiden? Wie dem auch sei, es stehen in diesem durchsichtigen Raum mit den exakten Grenzen die Formen – trotz der Gebärden der Gestalten – voneinander und von ihrem Mittelpunkt isoliert, wie in der Leere. Fast könnte man sagen, sie unterziehen sich einer Probe, die dazu bestimmt ist, sie von jeder Zweideutigkeit der Verbindung, von jedem Kompromiss loszulösen, sie ohne jeden möglichen Irrtum zu umschreiben, ihr Gewicht als gesonderte Dinge hervorzuheben. Wie man weiß, waren ja die Giotto-Nachahmer weit davon entfernt, ihrem Vorbild in dieser Hinsicht immer treu zu bleiben. Dieser bühnenartige Raum, der so einfach für die Bedürfnisse einer volkstümlichen Dramaturgie hergerichtet war, wird bei Andrea da Firenze in der spanischen Kapelle von neuem zu einem Ort abstrakter Hierarchien oder zum gleichgültigen Träger von Kompositionen, die aufeinanderfolgen, ohne sich zu verketten, während im Gegensatz dazu Taddeo Gatti in der *Darstellung der Jungfrau* versucht – doch es gelingt ihm nicht ganz – die architektonische Szenerie des Tempels von Jerusalem lotrecht aufzustellen: und schon gewahrt man lange vor der »prospettiva« des Piero della Francesca in der Pinakothek von Urbino, dass die Architektur Herrin jener Erfahrungen sein wird, welche in der rationalen Perspektive ihre Vollendung finden.

Aber diese Versuche stimmen nicht überein; gegenteilige Lösungen gehen ihnen voraus, begleiten sie, verleugnen sie manchmal lange. Siena liefert uns dafür eine ganze Reihe von Beweisen: bald durch jene sozusagen leuchtende Verneinung der mit Blümchen und Arabesken gemusterten alten Goldgründe, von denen sich die Formen – durch einen hellen Rand gesäumt, der wie eine Schrift zeichnet – abheben, ornamentaler Raum einer ornamentalen Form, die nach unabhängigem Leben strebt; bald durch großes Laubwerk, das wie ein Wandteppich hinter den Jagd- und Gartenszenen hängt; bald endlich – und das ist das Originelle des sienesischen Beitrages – durch jene kartographischen

Landschaften, welche die Welt von oben bis zu unterst im Bild entfalten, nicht als Tiefe, sondern aus der Vogelschau gesehen, ein zugleich ebenes und vollständiges Theater für die größtmögliche Mannigfaltigkeit in der Darstellung von Episoden. Das Bedürfnis, die Ganzheit des Raumes zu begreifen, genügt sich hier in einer willkürlichen und fruchtbaren Struktur, die weder die schematische Verkürzung eines Grundrisses noch die normale Perspektive ist, und die selbst nach dem Triumph der letzteren bei den Malern phantastischer Landschaften in den Ateliers des Nordens wieder auflebt. Der Horizont in Augenhöhe verbirgt die Gegenstände, einen hinter dem anderen; und die Entfernung, die sie mehr und mehr verkleinert, hebt sie schließlich zum Teil auf. Unter dem erhöhten Horizont rollt der Raum ab wie ein Teppich, und das Bild der Erde gleicht dem Abhang eines Berges. Unter dem sienesischen Einfluss verbreitete sich dieses System in Norditalien, wo übrigens zur gleichen Zeit Altichiero auf ganz andersartigen Wegen die gerundete Tiefe des Raumes durch den kreisenden Rhythmus seiner Kompositionen anzudeuten suchte. In Florenz aber erfand oder, besser noch, vollendete die Zusammenarbeit von Geometern, Architekten und Malern die Kunstmittel, um die drei Dimensionen auf die Gegebenheiten eines Grundrisses zu reduzieren, indem diese Männer deren Verhältnisse mit mathematischer Genauigkeit errechneten.

Es geht nicht an, in einem einfachen methodischen Auszug die Entstehungsgeschichte und die ersten Schritte dieser bedeutenden Neuerung darzulegen; aber man darf nicht unterlassen es zu betonen, dass sie von Anfang an, trotz der scheinbaren Strenge der Regeln, ein offenes Feld für vielerlei Möglichkeiten blieb. Theoretisch geht von nun an die Kunst gegenüber dem Objekt, d.h. gegenüber der wahren Form im wahren Raum vor, wie das Auge gegenüber dem gleichen Objekt, und nach dem System der visuellen Pyramide, wie Alberti es darlegte. Da das Werk des Schöpfers in seiner Ganzheit, seiner Richtigkeit und seiner Mannigfaltigkeit erfasst wird, weil Körper und Standfläche in methodischem Einklang miteinander stehen, so ist der Künstler, nach der Ansicht der Zeitgenossen, wohl der gottähnlichste Mensch, oder, wenn man will, ein sekundärer, nachahmender Gott. Die Welt, die er erschafft, ist ein Bau, der unter einem gewissen Winkel gesehen und von Statuen mit einem einzigen Profil bewohnt wird; so wenigstens kann man den Anteil des Architekten und des Bildhauers in der neuen Malart sinnbildlich darstellen. Aber zum Glück bleibt an dieser Perspektive der Wahrscheinlichkeit die Erinnerung an die imaginären Perspektiven haften. Die nach, dieser Optik behandelte Form des Menschen und der lebenden Wesen fesselt die Meister: denn sie genügt, den *ganzen* Raum zu bestimmen, durch das Verhältnis zwischen Dunkel und Hell, durch die Genauigkeit der Bewegungen; besonders aber durch die Richtigkeit der Verjüngungen, die diese Künstler an Pferden zu üben sich nicht genug tun konnten. Die Landschaften aber, die diese Formen umgeben, oder der Schlachtendekor eines Ucello, die Szenerie der *Legende vom heiligen Georg*, die Pisanello in Sant' Anastasia von Verona malte, gehören noch der phantastischen Welt von früher an, die wie eine Karte oder wie ein Wandbehang hinter den Figuren ausgespannt ist. Und diese Figuren bleiben, trotz der Echtheit ihrer Substanz, vor allem profiliert, sie sind wie Silhouetten zu werten; sie haben, wenn man so sagen darf, die heraldische, wenn nicht gar die ornamentale Qualität, wovon man sich an den Zeichnungen der Sammlung Vallardi überzeugen kann. Ein weiterer Beweis dafür ist die Energie, mit welcher der menschliche Umriss gleich einem Küstenstrich, aus der Leere herausgeschnitten wird, als Grenze zwischen der Welt des Lebens und dem abstrakten Raum, in den dieses Profil eingezeichnet ist. Besonders Piero della Francesca ist an dieser geheimnisreichen Leere, ohne die der Mensch und die Welt nicht wären, interessiert und gestaltet sie. Er zeigt nicht nur den Urtypus jener erbauten Landschaft, der *prospettiva*, die der Vernunft beruhigende Anhaltspunkte gibt in der Form von perspektivisch modellierten Baulichkeiten, sondern er sucht die wechselnde Beziehung zwischen den Tönungen der Luft und den Figuren zu bestimmen: bald heben sich Letztere in einer fast durchsichtigen Helligkeit von der Schwärze der Ferne ab; bald sind sie selbst dunkel, aber im Gegenlicht auf klaren Hintergründen gemalt, die mehr und mehr vom Licht überflutet werden.

Wir scheinen am Ende angelangt. Da die imaginären Welten des ornamentalen Raumes, des bühnenmäßigen Raumes, des kartographischen Raumes mit dem Raum der wirklichen Welt zusammengefallen sind, müsste sich also das Leben der Formen darin von nun an nach konstanten Regeln abspielen. Ganz und gar nicht. Und da ist es zuallererst die Perspektive, die, mit sich selbst spielend, ihren Zwecken entgegenarbeitet: durch die Illusionsmalerei zerstört sie die Architektur; das Feuer der Apotheosen reißt die Decken auf, macht den bühnenmäßigen Raum, die prospettiva, grenzenlos, indem sie eine falsche Unendlichkeit und eine illusorische Ungeheuerlichkeit schafft; sie setzt die Schranken der Vision ins Unbestimmte zurück und überschreitet den Horizont des Weltalls. So beutet das Prinzip der Verwandlungen sogar seine strengsten Schlussfolgerungen aus. Es beschwört immer neue erstmalige Beziehungen zwischen Form und Raum. Rembrandt bestimmt diese Verhältnisse durch das Licht: um einen leuchtenden Kern konstruiert er in einem durchsichtigen Dunkel feurige Kreise, Spiralen, Räder. Die Kombinationen Grecos erinnern an romanische Bildhauer. Für Turner ist die Welt ein unbeständiger Akkord fließender Elemente, die Form ist bewegtes Licht, unsicherer Fleck in einem fliehenden Weltall. So zeigt uns selbst ein flüchtiges Überprüfen der verschiedenen Auffassungen des Raumes, dass das ständig sich erneuernde Leben der Formen sich nicht nach festen, dauernd und allgemein verständlichen Voraussetzungen weiterentwickelt, sondern dass es mannigfaltige Geometrien schafft innerhalb der Geometrie selbst, so wie es sich die Materien schafft, deren es bedarf.

III. Die Formen in der Materie

Solange sie nicht in der Materie lebt, entspricht die Form nur einer Ansicht, einer Sehweise des Geistes, einer Spekulation über den auf die geometrische Erfassbarkeit beschränkten Raum. Wie der Raum des Lebens ist auch der Raum der Kunst nicht seine eigene schematische Figur, seine richtig berechnete Formel. Obschon es einem ziemlich allgemein verbreiteten Trugschluss entspricht, so stellt die Kunst doch nicht nur eine phantastische Geometrie oder vielmehr eine verwickelte Topologie dar, sie bleibt an das Gewicht, die Dichtigkeit, das Licht, die Farbe gebunden. Selbst eine noch so asketische Kunst, welche mit ärmlichen und reinen Mitteln die uneigennützigsten Regionen der Idee und des Gefühls zu erreichen trachtet, wird durch die Materie, der sie entfliehen möchte, nicht nur getragen, sondern sogar gespiesen. Ohne Materie wäre die Kunst nicht nur nicht vorhanden, sie vermöchte auch nicht so zu sein, wie sie sein möchte, und selbst ihr nutzloser Verzicht bestätigt Größe und Macht ihrer Abhängigkeit. Die alten Gegensätze Geist – Stoff, Stoff – Form beherrschen uns noch genauso wie der antike Dualismus von Form und Inhalt. Selbst wenn für die reine Logik noch irgendein Schatten von Bedeutung oder Bequemlichkeit in diesen Gegenüberstellungen stecken sollte, muss jeder, der irgendetwas vom Leben der Formen begreifen will, sich davon frei zu machen suchen. Jede beobachtende Wissenschaft, vor allem aber jene, die mit den Regungen und Schöpfungen des Geistes zu tun hat, ist im Wesentlichen eine Phänomenologie im engen Sinne des Wortes. So besteht für uns die Aussicht, echte geistige Werte zu erfassen. Das Studium der Erdoberfläche und der Entstehung ihrer Faltung, die Morphogenie, gibt jeder Poetik der Landschaft einen mächtigen Unterbau, setzt sich aber diesen Gegenstand nicht zum Ziel.

Der Physiker sucht nicht den »Geist« zu bestimmen, dem die Verwandlungen und das Verhalten der Schwerkraft, der Wärme, des Lichtes, der Elektrizität gehorchen. Außerdem kann man jetzt die

Trägheit der Masse und das Leben der Materie nicht mehr verwechseln, weil letztere bis in ihre verborgensten Falten hinein immer Struktur und Aktion, d. h. Form ist, und je stärker wir das Feld der Verwandlungen einschränken, umso besser erfassen wir die Intensität und die Kurve ihrer Bewegungen. Eitel wären alle diese Auseinandersetzungen über die Terminologie, wenn diese letztere nicht für die Methoden entscheidend wäre.

Vom Augenblick an, da wir das Problem vom Leben der Formen in der Materie anpacken, trennen wir die beiden Begriffe nicht voneinander. Wenn wir zwei Ausdrücke benützen, dann nicht, um einem abstrakten Vorgehen eine objektive Realität zu geben, sondern im Gegenteil, um den konstanten, unteilbaren, unlösbaren Charakter einer tatsächlichen Übereinstimmung zu zeigen. So wirkt die Form nicht als ein höheres Prinzip, das eine passive Masse prägt, denn man darf sagen, dass die Materie ihre eigene Form der Form aufzwingt. Es handelt sich ja nicht um Materie und Form an sich, sondern um Materien in der Mehrzahl, zahlreiche, komplexe, wechselnde, die einen Aspekt und ein Gewicht haben, aus der Natur hervorgehen, aber nicht naturgegeben sind.

Aus dem Vorangegangenen kann man verschiedene Grundsätze entwickeln. Der erste ist, dass die Materien eine gewisse Bestimmung, oder wenn man so sagen will, eine gewisse formale Berufung enthalten. Sie haben eine Konsistenz, eine Farbe, eine Struktur. Sie sind Form, wie wir es schon sagten, und rufen dadurch dem Leben der Kunstformen, begrenzen oder entwickeln es. Sie werden nicht nur um der Bequemlichkeit der Arbeit willen ausgewählt oder, wenn die Kunst den Bedürfnissen des Lebens dient, um ihrer Zweckmäßigkeit willen, sondern auch, weil sie einer besonderen Behandlung zugänglich sind, weil mit ihnen bestimmte Wirkungen erzielt werden können. So erweckt schon allein ihre rohe Form andere Formen, ruft sie hervor, pflanzt sie fort; und das, um einen scheinbar widersprechenden Ausdruck zu gebrauchen, den die vorangehenden Kapitel verständlich machen, weil sie die Formen nach deren eigenem Gesetz befreit. Aber man muss dazu gleich bemerken, dass diese formale Berufung nicht einen blinden Determinismus darstellt, denn – und das ist der zweite Punkt – diese so bestimmt beschaffenen, so suggestiven und im Hinblick auf die Kunstformen, auf die sie eine Art Anziehungskraft ausüben, sogar so anspruchsvollen Materien, erfahren ihrerseits rückwirkend durch die Formen selbst eine tiefgehende Veränderung.

So trennen sich die Materien der Kunst von den Materien der Natur, auch dann, wenn sie eine genaue formale Abgestimmtheit verbindet. Man sieht eine neue Ordnung sich bilden. Es sind zwei Reiche, auch wenn man von allem Künstlichen und Fabrikmäßigen absieht. Das Holz der Statue ist nicht mehr das Holz des Baumes; der behauene Marmor ist nicht mehr der Marmor des Steinbruches; das geschmolzene, gehämmerte Gold ist ein bis dahin nicht vorhandenes Metall; der gebrannte und im Bau verwendete Backstein hat keine Beziehungen mehr zum Ton aus der Tongrube. Die Farbe, die Struktur und alle Werte, die das optische Gefühl angehen, haben sich verändert. Die Dinge ohne Oberfläche, die hinter der Rinde versteckt, in den Bergen vergraben, in Goldklumpen versperrt, im Lehm versunken waren, haben sich aus dem Chaos abgesondert, haben eine Epidermis erworben, sich dem Raum einverleibt und ein Licht aufgefangen, das sie seinerseits herausarbeitet. Obschon die vorgenommene Behandlung das Gleichgewicht und die natürliche Beziehung zwischen den Teilen nicht verändert, so hat sich doch das sichtbare Leben der Materie gewandelt. Bei gewissen Völkern waren die Beziehungen zwischen den Materien der Kunst und den Materien der Natur oft der Gegenstand seltsamer Spekulationen. Die Meister des Fernen Ostens, für die der Raum vor allem ein Ort für Verwandlungen und Wanderungen war, und die in der Materie immer den Kreuzungspunkt zahlreicher Übergänge sahen, haben unter allen Materien der Natur jene am meisten geliebt, die sozusagen am stärksten zweckbestimmt sind und schon durch eine verborgene, blind wirkende Kunst bearbeitet scheinen; und anderseits haben sie es oft bei der Behandlung der Materien der Kunst darauf angelegt, ihnen die Eigenschaften der Materien der Natur aufzuzwingen, dermaßen, dass ihnen, die sie die Täuschungen suchten, durch eine eigenartige Umkehr die Natur voller Kunstgegenstände ist und die Kunst voll von Naturwundern. So könnte man glauben, das Felsgestein ihrer preziösen Gärtchen, das mit unendlicher Sorgfalt ausgewählt ist, sei aus den Launen erfindungsreicher Hände hervorgegangen, und ihre Steingutkeramik scheint weniger das Werk eines Töpfers als vielmehr ein wundervolles, durch das Feuer und die Macht unterirdischer

Zufälle entstandenes Gebilde. Über den fesselnden Wettstreit dieser Vertauschungen hinaus, die das Künstliche im Herzen der Natur suchen und die verborgene Arbeit der Natur ins Herz der menschlichen Erfindung verlegen, waren sie die Bearbeiter der seltensten, von jedem Vorbild freiesten Materien. Es gibt in der Pflanzenwelt oder der Welt der Mineralien nichts, was ein Vorbild oder eine Erinnerung sein könnte für ihre Lacke mit ihrer kühlen Undurchdringlichkeit, ihrer geschliffenen Nachtschwärze, über die ein dämmeriges Licht gleitet: sie werden aus dem Harz einer bestimmten Kiefer hergestellt, das lange bearbeitet und poliert wird in Werkstätten, die, abseits von allem Staub, über einem Wasserlauf erbaut sind. Die Materie ihrer Malerei hat gleichzeitig etwas vom Wasser und vom Rauch, ist aber weder das eine noch das andere, weil sie das widerspruchsvolle Geheimnis besitzt, beide festzuhalten, ohne dass sie darum aufhörten, flüssig, bewegt und jeder Schwere bar zu sein. Aber diese Hexerei, die uns erstaunt und bezaubert, weil sie von fern herkommt, ist nicht verfänglicher noch erfinderischer als die Verarbeitungsweisen, denen das Abendland die Materien der Kunst unterwirft. Die Techniken mit kostbarem Material, aus denen unsere Beispiele zu entnehmen vor allem verlockend wäre, zeigen vielleicht in dieser Hinsicht nichts, was sich mit den Möglichkeiten der Ölmalerei vergleichen ließe. Ohne Zweifel offenbart sich hier, in einer scheinbar der »Nachahmung« dienenden Kunst, dieses Prinzip der Nicht-Nachahmung, diese schöpferische Originalität, die aus den von der Natur gelieferten Stoffen das Material und die Substanz einer anderen Natur herausholt, welche sich unaufhörlich erneuert. Denn die Materie einer Kunst bildet nicht ein starres, für immer erworbenes Gegebenes: von Anbeginn an ist sie Verwandlung und Neuerung, da ja die Kunst, wie ein chemischer Prozess, weiterwirkt, denn sie verwandelt sich fortwährend. Bald bietet uns die Ölmalerei das Schauspiel ihres durchsichtigen Zusammenhanges. In ihrem Goldkristall erfasst sie die harten und reinen Formen; bald gibt sie ihnen eine fettige Schwere, sie scheinen in einem bewegten Element zu rollen und zu gleiten; bald ist sie rau wie eine Mauer und bald vibrierend wie ein Ton. Selbst wenn wir die Farbe beiseitelassen, sehen wir sehr wohl, dass die Materie in ihrer Zusammensetzung und in der offenbaren Beziehung ihrer Teile untereinander sich verändert. Und wenn wir nun die Farbe dazu nehmen, ist es klar, dass dasselbe Rot z. B. verschiedenartige Eigenschaften zeigt, nicht nur je nachdem es in Wasserfarben, mit Eiweiß, als Fresko oder in Öl behandelt ist, sondern auch je nach der Manier, in der es jedem dieser Verfahren aufgetragen ist.

Aus all dem lassen sich weitere Feststellungen ableiten. Doch ehe wir dazu übergehen, müssen noch einige Punkte abgeklärt werden. Man könnte vielleicht glauben, dass es gewisse Techniken gebe, für die die Materie gleichgültig ist, dass z. B. die Zeichnung die Materie einem strengen Abstraktionsprozess unterwerfe, und dass sie die Materie, die sie zum belanglosesten Hilfsmittel herabdrückt, beinahe verflüchtige. Doch auch dieser flüchtige Zustand der Materie ist noch Materie, und durch den Umstand, sich auf dem Papier, das sie zur Wirkung bringt, auf diese Weise ausgenützt, zusammengedrängt und eingeteilt zu finden, erlangt sie eine ganz besondere Stärke. Dazu kommt ihre außerordentlich große Mannigfaltigkeit: Tinte, Tusche, Bleistift, schwarze Kreide, Rötel, Kreide, zusammen oder; einzeln verwendet, ergeben ebenso viele bestimmte Eigenschaften, ebenso viele Ausdrucksarten. Um sich davon zu überzeugen, versuche man doch, sich das Unmögliche vorzustellen: eine Rötelzeichnung Watteaus z. B. durch Ingres in Bleistift kopiert, oder, noch einfacher, – denn die Namen der Künstler vermitteln Werte, mit denen wir uns noch nicht beschäftigt haben – eine Kohlezeichnung in Tusche kopiert: – sie erlangt vollständig unerwartete Eigenschaften, sie wird zu einem neuen Werk. Wir können daraus eine allgemeinere Regel ableiten, die mit dem Prinzip der obenerwähnten formalen Bestimmungen oder Berufung in Verbindung steht: dass die Materien der Kunst nicht auswechselbar sind, d. h. dass die Form, wenn sie von einer gegebenen Materie in eine andere übergeht, eine Verwandlung erfährt. Nun wird man die Wichtigkeit dieser Bemerkung für die historische Erforschung des Einflusses gewisser Techniken auf gewisse andere unschwer begreifen, und wir haben uns davon leiten lassen beim Versuch, den allzu massiven Begriff des Einflusses zu kritisieren im Hinblick auf die Beziehungen zwischen der monumentalen Plastik und den Goldschmiedekünsten der romanischen Epoche. Das Elfenbein oder die Miniatur, wenn sie von einem Wanddekorateur kopiert werden, treten in eine andere Welt, deren Gesetze sie wohl oder übel annehmen müssen. Die Versuche der

Mosaikkunst und der Teppichweberei, die Wirkungen der Ölmalerei zu erreichen, haben die bekannten Folgen gezeigt. Und anderseits haben die Meister der Reproduktionsgraphik wohl begriffen, dass es nicht anging, mit den Bildern, ihren Modellen, zu »rivalisieren« (genauso wenig wie die Maler mit der Natur), sondern dass sie sie umsetzen mussten. Diese Gedanken können übrigens weiter ausgeführt werden. Sie helfen uns das Kunstwerk als einmaligen Schöpfungsakt erkennen, denn weil das Gleichgewicht und die Eigenschaften der Materien der Kunst nicht unveränderlich sind, kann es keine absolute Kopie geben, selbst in einer gegebenen Materie, selbst im beständigsten Punkt einer Stilbestimmung.

Auf dieser Erkenntnis muss man beharren, wenn man richtig verstehen will, nicht nur wie die Form sozusagen verkörpert ist, sondern dass sie immer Verkörperung ist. Der Geist kann sich nicht von vornherein damit abfinden, denn er ist von der Erinnerung an die Formen getränkt und neigt dazu, sie mit der Erinnerung selbst zu verwechseln und anzunehmen, dass sie einen immateriellen Bereich der Vorstellung oder der Erinnerung bewohnen, in der sie ebenso vollständig, ebenso klar umrissen sind, wie wenn sie sich auf einem öffentlichen Platz oder in einem Museum befänden. Wie könnten diese Maße, die ganz in uns zu leben scheinen, und wie könnten die Deutung des Raumes, das Verhältnis der Teile in den menschlichen Proportionen und im Spiel der Bewegungen je nach den Materien verändert werden und von ihnen abhängen? Man erinnert sich an das Wort Flauberts[II] über den Parthenon, »schwarz wie Ebenholz«. Vielleicht wollte er damit eine absolute Eigenschaft bezeichnen, das Absolute eines Maßes, das die Materie beherrscht und sie sogar verwandelt, oder, einfacher noch, die strenge Autorität einer unzerstörbaren Idee. Aber der Parthenon ist aus Marmor, und diese Tatsache ist für uns von außerordentlicher Bedeutung, von so großer Bedeutung, dass uns die Zementzylinder, welche ein von Ehrfurcht geleiteter Wille zur Erhaltung in seine Säulen eingesetzt hat, als grausame Verstümmelung erscheinen. Ist es nicht seltsam, dass ein Volumen sich verändern kann, je nachdem es in Marmor, in Bronze, in Holz Gestalt annimmt, je nachdem es in Wasserfarben oder in Öl gemalt, mit dem Stichel graviert oder lithographiert ist? Laufen wir nicht Gefahr, Haut- und Oberflächeneigenschaften, die leicht entarten, mit anderen, allgemeineren und beständigeren zu verwechseln? Nein, denn es ist schon so, dass die Volumen in diesen verschiedenen Zuständen nicht die gleichen sind, weil sie vom Licht abhängen, das sie modelliert, das ihre Völle und ihre Tiefe hervorhebt und aus der Oberfläche den Ausdruck einer relativen Dichtigkeit macht. Auch das Licht hängt von der Materie ab, die es auffängt, über die es fließend hinströmt oder auf der es sich festsetzt, die es stärker oder schwächer durchdringt, die ihm eine spröde oder aber eine fettige Beschaffenheit verleiht. Es ist nur allzu klar, dass die Deutung des Raumes in der Malerei als eine Funktion der Materie erscheint, die sie bald einengt, bald ausweitet; überdies bleibt ein Körper nicht ein und derselbe, je nachdem er mit vollem Farbauftrag oder mit Lasurfarben über einem Untergrund gemalt wird.

So werden wir dazu geführt, den Begriff der Materie mit dem Begriff der Technik zu verbinden, die sich tatsächlich nicht davon trennen lässt. Wir haben sie in den Mittelpunkt unserer eigenen Forschungen gestellt, und es schien uns nie, dass sie ihnen irgendwelche Beschränkungen auferlegte. Ganz im Gegenteil, sie diente uns als eine Art Beobachtungsstation, von der das Sehen und die Forschung aus der gleichen Perspektive heraus die größte Zahl von Objekten und ihre größte Mannigfaltigkeit umfassen konnte. Denn das Wort Technik trägt verschiedene Bedeutungen in sich: man kann sie als lebendige Kraft betrachten oder als etwas Mechanisches oder gar als eine Spielerei. Für uns war sie weder der Automatismus des »métier«, noch das Kuriosum und die Rezepte einer »cuisine«, sondern eine ganz aus Tätigkeit bestehende Poesie und – um unsere Terminologie mit allem, was ihr an Ungewissem und Provisorischem anhaftet, beizubehalten – das Mittel der Verwandlungen. Wir haben immer das Gefühl gehabt, dass die Beobachtung der Erscheinungen im technischen Bereich in diesen so schwierigen, ständig der Unbestimmtheit der Werturteile und der im höchsten Grad fließenden Auslegungen unterworfenen Untersuchungen nicht nur eine gewisse kontrollierbare Sachlichkeit verbürge, sondern dass sie uns auch mitten in die Probleme hineinführe, *weil sie uns diese eben unter den gleichen Voraussetzungen und unter dem gleichen Gesichtswinkel wie dem Künstler zeigt*. Diese günstige Möglichkeit bietet sich uns so selten, dass es sich lohnt, ihre Bedeutung hervorzuheben. Es ist das Ziel der Physiker und Biologen, in ihren Untersuchungen die Technik der Natur selbst durch eine Technik zu rekonstruieren, deren Kontrolle das Experiment erlaubt, also nicht eine beschreibende, sondern eine aktive Methode, weil sie eine Tätigkeit wiederherstellt. Für uns ist eine Kontrolle durch das Experiment unmöglich; das analytische Studium dieses vierten »Reiches«, das die Welt der Formen darstellt, kann nichts anderes, als eine Beobachtungswissenschaft sein. Aber indem wir die Technik als einen Vorgang betrachten und als solchen wiederherzustellen suchen, besitzen wir die Möglichkeit, über die Oberflächenerscheinungen hinauszugehen und tiefe Zusammenhänge zu erfassen.

Der so formulierte methodische Standpunkt scheint natürlich und vernünftig, aber um ihn richtig zu verstehen, und insbesondere um ihn voll zur Wirkung zu bringen, müssen wir überdies, auch in uns, gegen einen Rest bestimmter Irrtümer ankämpfen. Der schwerwiegendste, der eingewurzeltste geht aus jener scholastischen Auffassung von Form und Inhalt hervor, auf die wir nicht zurückzukommen brauchen. Für viele erfahrene, auf die Wichtigkeit der technischen Forschungen bedachte Beobachter bleibt die Technik nicht etwa ein Vorgang grundsätzlicher Erkenntnis, der einen schöpferischen Prozess wiederholt, sondern das reine Instrument der Form, so wie die Form das Kleid und der Träger des Inhaltes ist. Diese willkürliche Beschränkung führt notwendigerweise zu zwei falschen Standpunkten, wobei der zweite als Zuflucht und als Entschuldigung des ersten gelten kann. Betrachtet man die Technik als eine Grammatik, die zweifellos einmal gelebt hat und noch lebt, deren Regeln aber eine Art vorübergehender Starrheit von einstimmig anerkanntem Wert angenommen haben, dann setzt man die Regeln der alltäglichen Sprache der Technik des Schriftstellers, die Ausübung des Berufes der Technik des Künstlers gleich. Der andere Irrtum besteht darin, jeden über diese Grammatik hinausgehenden schöpferischen Vorgang in den unbestimmten Bezirk der Grundsätze zu verweisen, so wie die alte Medizin biologische Phänomene durch die Tätigkeit des Lebensprinzips erklärte. Wenn wir aber zu trennen aufhören, was verbunden ist, und einfach die Erscheinungen einzuordnen und zu verketten suchen, dann sehen wir, dass die Technik tatsächlich aus Zuwachs und Abbau besteht, und dass es möglich ist, sie, von Syntax und Metaphysik gleichweit entfernt, einer Physiologie anzugleichen.

Zugegeben, auch wir selbst wenden den Begriff, der uns beschäftigt, in zwei Bedeutungen an: die Techniken sind nicht die Technik, doch die erste Bedeutung hat auf die zweite einen einschränkenden Einfluss ausgeübt. Man könnte sich dahin einigen, dass die beiden Bedeutungen im Kunstwerk zwei ungleiche, aber zusammengehörige Erscheinungsweisen der Tätigkeit darstellen: die Summe der Rezepte eines Berufes und anderseits die Art, wie sie die Formen in der Materie zum Leben bringen. Das hieße Passivität und Freiheit miteinander versöhnen. Aber das genügt nicht, und wenn die Technik ein Vorgang ist, müssen wir bei der Prüfung des Kunstwerkes über die Grenze der Berufstechniken hinausgehen und die Entwicklung in ihrem ganzen Umfang zurückverfolgen. Hierin liegt das grundsätzliche Interesse (dem eigentlichen historischen Interesse übergeordnet), das die Entstehungsgeschichte des Werkes vor der endgültigen Ausführung bietet, die Analyse der ersten Gedanken, der Skizzen, der Entwürfe, welche der Statue oder dem Bild vorangehen. Diese ungeduldigen Verwandlungen und die sorgfältigen Studien, die sie begleiten, lassen das Werk vor unseren Augen entstehen, so wie das Spiel des Pianisten die Sonate entstehen lässt, und es ist für uns außerordentlich wichtig, sie in dem scheinbar unbewegten Werk noch wirken und sich bewegen zu sehen. Was bedeuten sie uns? Anhaltspunkte in der Zeit? Eine psychologische Perspektive, die erschütterte Topographie aufeinanderfolgender Bewusstseinszustände? Viel mehr: die Technik des Formenlebens selbst, ihre biologische Entwicklung. Eine Kunst, die uns in dieser Hinsicht durch die verschiedenen »Zustände« ihrer Platten eine Fülle von Geheimnissen offenbart, ist die Radierung. Diese Platten sind eine Kuriosität für die Liebhaber, für das Studium aber haben sie eine tiefere Bedeutung. Selbst wenn man nur schon die Skizze eines Malers betrachtet, eine Skizze als Skizze genommen, ohne an ihre Vergangenheit als Entwurf oder an ihre Zukunft als Bild zu denken, so fühlt man, dass sie bereits ihren entwicklungsgeschichtlichen Sinn enthält und dass man sie nicht als ein Verharren, sondern als Bewegung deuten muss.

Zu diesen entwicklungsgeschichtlichen Nachforschungen müssen andere über die Abwandlungen und noch andere über die Interferenzen treten. Das Leben der Formen sucht sich oft innerhalb derselben Kunst und im Werk ein und desselben Künstlers andere Wege. Dass es seinen vollen Klang und sein Gleichgewicht findet, ist unbestritten; doch dass dieses Gleichgewicht zum Bruch neigt und zu neuen Experimenten, ist es nicht weniger. Man vereinfacht die Frage auf merkwürdige Weise, wenn man in diesen manchmal so haarscharf getrennten Nuancen nichts weiter sieht als die poetische Übertragung der Erschütterungen des menschlichen Lebens. Und welch notwendige Beziehungen zwischen der Knechtschaft oder der physischen Schwere des reifen Alters und der jungen Freiheit, zu der sich Tintoretto, Hals und Rembrandt an ihrem Lebensabend bekennen! Nichts zeigt die Ungeduld der Technik in Bezug auf das Handwerkliche besser als diese gewaltigen Veränderungen. Nicht dass die Materie ihr zur Last fiele, doch muss sie daraus immer lebendige, nicht unter einem vollendeten Firnis erstarrte Kräfte herausholen. Es geht hier nicht um die volle Beherrschung der »Mittel«, weil diese Mittel ja nicht mehr genügen. Und es ist schließlich auch nicht Virtuosität, weil der Virtuose das einmal erreichte Gleichgewicht genießt und immer dieselbe Tanzfigur zeichnet, die auf ihrem dünnen, straff gespannten Seil zu zerbrechen scheint und doch nicht zerbricht.

Was die Interferenzen oder die Kreuzungs- und Austauscherscheinungen betrifft, so kann man sie als eine Reaktion gegen die formale Berufung der Kunstmaterien auslegen, oder besser noch, als, eine Wirkung der Technik auf die Beziehungen der Techniken unter sich. Es wäre interessant, die Geschichte dieser Interferenzen zu studieren, indem man untersucht, wie sich in dieser Hinsicht das Gesetz des technischen Primates auswirkt und wie sich in der Praxis und in der Pädagogik die Begriffe der Einheit und Notwendigkeit, die sich mehr oder weniger den verschiedenen handwerklichen Techniken der Kunst aufzwingen, gebildet und dann aufgelöst haben. Aber abgesehen von jeder geschichtlichen Entwicklung, welche die Gesamtheit umfasst, wäre es wertvoll, die Zeichnungen und Malereien der Bildhauer oder die Bildhauereien der Maler näher zu betrachten und unter diesem Gesichtswinkel zu analysieren. Allgemeiner gesagt: Wie ist es möglich, den Bildhauer Michelangelo nicht zu berücksichtigen, wenn man den Maler Michelangelo studiert? Und sieht man nicht die engen Beziehungen, die bei Rembrandt zwischen dem Maler und dem Radierer bestehen? Es genügt nicht, zu sagen, dass die Radierung Rembrandts die Radierung eines Malers ist (ein Begriff, der merkwürdige Wandlungen durchgemacht hat), man muss untersuchen, in welchem Maße und durch welche Mittel sie diese Wirkungen der Malerei – und zwar welche Wirkungen? – zu erreichen sucht. Es genügt auch nicht, bei seiner Malerei das Licht in seinen Radierungen zu erwähnen, sondern man muss auch die mannigfaltigen Listen wieder erfassen, durch welche dieses Licht, so übertragen, auf eine andere Materie einwirkt, deren Einfluss es seinerseits unterworfen ist. Ein weiteres Beispiel sind die Beziehungen zwischen Aquarell und Ölmalerei in der englischen Schule. Ohne Zweifel gehen sie von Rubens und Van Dyck aus, diesen erstaunlichen Aquarellisten in Öl, wenn diese Bezeichnung erlaubt ist. Das Fließende der Materie ihrer Malerei hat in ihren Werken etwas Wasserartiges. Doch es ist von eigentlichen Aquarellen nicht die Rede. Wie erklärt sich diese besondere Kunst als solche, wie befreit sie sich, um ihre formale »Notwendigkeit« zu erlangen und um schließlich im Glanz der Farbe, in der feuchten Durchsichtigkeit, jenen Einfluss auf Maler wie Bonington und Turner auszuüben? Diese Untersuchungen würden unerwartete Einsichten in die Tätigkeit der Formen erlauben. Die Materien sind nicht auswechselbar, aber die Techniken durchdringen sich, und an ihren Grenzen neigt die Interferenz dazu, neue Materien zu schaffen.

Um jedoch diese Nachforschungen anzustellen, ist es nicht nur wichtig, eine allgemeine und systematische Übersicht der Technik zu besitzen und die Bedeutung ihrer Rolle mit aufgeschlossenem Geist zu erkennen, es ist vor allem wesentlich, sich über die Art und Weise ihres Vorgehens Rechenschaft zu geben; man muss, im wahren Sinne des Wortes, ihre Spur verfolgen, das Leben arbeiten sehen. Tut man das nicht, dann ist es klar, dass jede Forschung über die Entwicklung, die Abwandlungen und die Interferenzen notwendigerweise oberflächlich und unsicher bleibt. Hier nun schalten sich das Werkzeug und die Hand ein. Aber vergessen wir nicht, dass ein beschreibender Katalog der Werkzeuge nie zu einem Ergebnis führt. Wenn wir die Hand als ein physiologisches Werkzeug betrachten, dann bleiben unsere Studien bei der Untersuchung einer bestimmten Zahl von Verfahrenstypen stehen, die in Handbüchern aufgezählt werden, wie man sie früher veröffentlichte, um in kürzester Zeit die Kunst des Malens in Pastell, Öl- oder Wasserfarben zu lehren – interessante Ablagerungen übrigens von erstarrten Formeln. Zwischen Hand und Werkzeug besteht eine menschliche Vertrautheit.

Ihre Übereinstimmung beruht auf feinen Wechselwirkungen, welche die Gewohnheit nicht zu erklären vermag. Diese lassen erkennen, dass, wenn sich die Hand dem Werkzeug anbequemt, wenn sie diese Verlängerung ihrer selbst in die Materie nötig hat, das Werkzeug zu dem wird, was die Hand aus ihm macht. Werkzeug ist nicht Mechanik. Wenn seine Form schon seine Tätigkeit andeutet, wenn sie zu einer gewissen Zukunft verpflichtet, so bedeutet diese Zukunft keine absolute Vorbestimmung, oder, wenn das doch der Fall ist, dann kommt es zur Auflehnung. Man kann mit einem Nagel radieren. Aber selbst dieser Nagel besitzt eine Form und gibt eine Form, die nicht gleichgültig ist. Die Auflehnung der Hand will nicht das Werkzeug ausschalten, sondern auf neuen Grundlagen ein gegenseitiges Zusammengehören herstellen. Das Treibende wird seinerseits getrieben. Um diese Wirkungen und Gegenwirkungen zu begreifen, lassen wir die isolierte Betrachtung von Form, Materie, Werkzeug und Hand beiseite und stellen uns an den Berührungspunkt, den geometrischen Ort ihrer Tätigkeit.

Wir werden aus der Sprache der Maler jenen Ausdruck übernehmen, der diesen Ort am besten bezeichnet und der mit einem Schlag die Wirkung der Übereinstimmung aufdeckt: die »touche«, der Auftrag. Es scheint uns, dass sich dieser Ausdruck auch auf die graphischen Künste und die Bildhauerei anwenden lässt. Der Auftrag ist Augenblick – jener nämlich, wo das Werkzeug in der Materie die Form erweckt. Er ist aber auch Fortdauer, weil die Form ja durch ihn gebildet wird und fortbesteht. Es kommt vor, dass sie sein Wirken verheimlicht, dass er sich zudeckt, dass er erstarrt, aber wir müssen und können seiner unter der strengsten Wahrung der Zusammenhänge immer wieder habhaft werden. Dann erlangt das Kunstwerk seine kostbare lebendige Beschaffenheit wieder: ohne Zweifel ist es ein Ganzes, in all seinen Teilen fest verbunden, solid, von allem übrigen auf immer gesondert; ohne Zweifel »summt« es nicht, wie Whistler sagt, dennoch trägt es die unzerstörbaren (selbst verborgenen) Spuren eines warmen Lebens in sich. Im Auftrag liegt der eigentliche Kontakt zwischen Trägheit und Handlung. Wenn er überall gleichmäßig und fast unsichtbar ist, wie bei den Miniaturmalern vor dem 15. Jahrhundert, wenn er durch ein peinlich sorgfältiges Nebeneinandersetzen oder durch ein Verschmelzen nicht eine Reihe vibrierender Töne, sondern, wenn man so sagen kann, einen einzigen, nackten und glatten Überzug zu geben versucht, scheint er sich selbst zu zerstören; aber auch dann bleibt er noch Bestimmung der Form. Wie wir schon gesagt haben, ein Wert, ein Ton hängen nicht einzig von den Eigenschaften und Beziehungen der sie bildenden Elemente ab, sondern von der Art, wie sie hingesetzt sind (»touchés«). Dadurch unterscheidet sich das Gemälde vom Scheunentor oder der Karosserie. Der Auftrag ist Struktur. Er pfropft auf die Struktur des Wesens oder des Gegenstandes seine eigene Form, die nicht nur Wert und Farbe ist, sondern (sogar in aller kleinsten Proportionen) Gewicht, Dichte, Bewegung. Wir können ihn auf genau dieselbe Weise in der Bildhauerei deuten. Wir haben uns früher bemüht, auf Grund einer gewissen Untersuchung des Raumes, zwei Arten des Ausführungsprozesses zu unterscheiden: jener, der, vom Äußern ausgehend, die Form im Innern des Steinblockes sucht; jener andere, der vom inneren Gerüst ausgehend dieses nach und nach anwachsen lässt und die Form zu ihrer vollen Ausdehnung führt. Das Abhauen, geschieht in Schlägen, die fortschreitend dichter werden und durch engere Beziehungen aneinandergebunden sind. In gleicher Art geschieht auch das Anwachsen; der Bildhauer, der nur für die Beziehungen der Volumen, nur für das Gleichgewicht der Massen Gefühl hat, der für das Problem und die Effekte der Modellierung am gleichgültigsten ist, hat dennoch seine Statuen »berührt« (»touché«): was ihn auszeichnet, ist die Sparsamkeit seiner »Berührung«, so wie andere durch ihre verschwenderische Anwendung charakterisiert sind.

Vielleicht gelingt es uns, diese Bezeichnung ohne Missbrauch sogar auf die Architektur anzuwenden, wenigstens beim Studium der Wirkungen, und zwar bestimmt mit gutem Recht für diejenigen Perioden und diejenigen Stile, in denen die malerischen Werte vorherrschen. Es ist dann, als ob die Gebäude von Hand geknetet und modelliert wären, als ob die Hand ihren Abdruck unmittelbar darauf zurückgelassen hätte. Es wäre interessant, festzustellen, ob sich, wie man berechtigterweise annehmen könnte, der Auftrag nicht irgendwie als Einheit in den verschiedenen Kunstgattungen – auf einer gleichen Lebenshöhe der Stile – erfassen ließe, und in welchem Grad diese schwer zu präzisierende Übereinstimmung Interferenzen bestimmt oder nicht bestimmt, die allgemeiner sind als jene, auf die wir anspielten. Hinter dem Wort, das Gefahr läuft, auf lange Zeit einen speziellen und beschränkten Wert zu behalten, möchten wir die Bedeutung der »attaque«, des Vorgehens, und der Behandlung der Materie, nicht außerhalb, sondern innerhalb des Kunstwerkes, festhalten. In dieser Hinsicht kann uns das Studium der Graphik vieles lehren. Wir können hier nicht das ganze Labyrinth durchlaufen, noch auf Einzelheiten ihrer Physik und Chemie eingehen. Es genügt, zu sagen, dass ihre Materien, die auf den ersten Blick einfach scheinen, in Wirklichkeit mannigfaltig und komplex sind: für den Kupferstich z. B. das Kupfer der Platte, der Stahl des Werkzeuges, das Papier des Probeabzuges, die Druckerschwärze. Noch ehe die Hand sich ihrer bemeistert, ist jedes dieser Elemente in verschiedenen Arten vorhanden, und wenn die Hand sie bearbeitet, ist es selbstverständlich, dass sie in schwächerem oder stärkerem Maß das Verhältnis zwischen den gegebenen Materien verändert. Und dabei nehmen wir die in ihrer Technik beständigste Gattung der Graphik: hier ist die gravierte Materie von größter Mannigfaltigkeit. Gewissen Stichen fühlt man das Werkzeug noch an, und sie bewahren ein metallisches Aussehen, das andere durch den Reichtum und die Modulation der Arbeitsvorgänge verheimlichen oder ganz verlieren. Die ungeheure Abstraktion des Mark Anton, die Raffael auf ein Schema zurückdrängt und seinem Genie eine fast beklemmende Strenge verleiht, hat nichts Gemeinsames mit dem beinahe Sinnlich-Salbungsvollen eines Edelinck. Wenn wir die Radierung als Beispiel wählen, dann sehen wir, sogar ohne an das Spiel der Papiere und der Tinten zu denken, wie sich um die zwingende Idee des Lichtes herum eine andere Welt nach der Tiefe hin entwickelt: ein neues Element tritt dazu, die Säure, die die Vorzeichnung im Lackgrund mehr oder weniger angreift, sie durch die Wirkung der Ätzungen in berechneter Unregelmäßigkeit zusammenzieht oder erweitert und dem Ton eine in jedem anderen Verfahren unbekannte Wärme verleiht, sodass derselbe Strich auf der Kupferplatte und derselbe Strich in einer Radierung – nur als Strich genommen, als Linie nur, und ohne irgendwelche figürliche Andeutung – schon verschiedene Formen sind; auch das Werkzeug hat sich verändert: eine einfache Spitze, die wie ein Bleistift gehalten wird, während der stählerne Schaft des Stichels, von prismatischer Form und kantig geschliffen, durch eine Bewegung des Handgelenks von hinten nach vorn geführt wird. Auch dies gehört zur formalen Berufung der Materie und des Werkzeugs, aber die

»Berührung« oder die Art, wie das Werkzeug die Materie angreift, misst sich mit diesem Schicksal, dieser Bestimmung, und entreißt ihr durch vielerlei Listen seltsame Neuerungen. Rembrandts Kunst gibt uns die schönsten Beispiele dafür, unter anderen jene Übereinanderlagerung der Arbeitsvorgänge mit der Kaltnadel, die abgeschliffen sein können oder auch nicht, und die die zartesten Übergänge des Lichts oder das Samtartige der Nacht ermöglichen. Bald radiert Rembrandt, als ob er mit der Feder zeichnete, mit mehr oder weniger freien und offenen Strichen, und bald radiert er, als ob er malte, indem er die ganze Stufenleiter der Tonwerte in der Wirkung der Feuerräder und dem Geheimnis der tiefen Schatten sucht. Diese Platten sind zerbrechliche Strukturen, welche der wiederholte Druck abschwächt, verwischt und schließlich ganz auslöscht, weil die abgenützten Platten nur noch das untere Netzwerk dieser übereinander gestaffelten Verfahren bewahren, so wie verschwundene Städte an der Erdoberfläche den Grundriss ihrer Gebäude zeigen: eine Art umgekehrte Entwicklung oder entgegengesetzter Beweis für die reichen Möglichkeiten des erloschenen Werkes. Der Ikonograph und der Nur Historiker werden denken, dass dennoch die Hauptsache übrig bleibt, aber gerade die Hauptsache ist nicht mehr da, und damit meinen wir nicht etwa nur den Schmelz, den seltenen Reiz des schönen Stückes, sondern den grundlegenden Wert einer Kunst, die den Raum und die Form als Bestätigung eines bestimmten Lichtes in einer bestimmten Materie durch gewisse Arten des Vorgehens hervorbringt. So wird in der Zerstörung eines Kunstwerkes unter unseren Augen der tätige und lebendige Begriff der Technik voll und ganz bestimmt.

IV. Die Formen im Geist

Bis jetzt haben wir die Form als eine unabhängige Tätigkeit, das Kunstwerk als eine von der Vielfalt der Entstehungsursachen getrennte Tatsache behandelt; oder noch besser gesagt: wir haben uns bemüht, in dem System besonderer Beziehungen, in das es eingespannt ist, eine seiner besonderen Art eigentümliche Ursächlichkeit zu zeigen, die zunächst bestimmt werden musste. Die mannigfaltigen Erscheinungen, welche die Form im Raum und in der Materie entwickelt, rechtfertigen, ja verlangen eine besondere Kategorie von Untersuchungen. Denn diese Eigenschaften, diese Bewegungen, diese Maße, diese Verwandlungen sind nicht etwa zweitrangige Merkmale, sondern Hauptgegenstand. Trotz der absichtlichen Beschränkung dieser Darstellung glauben wir genug darüber gesagt zu haben, damit der Begriff von der Welt der Formen fortan nicht nur wie ein Gleichnis erscheine und unser Versuch einer biologischen Methode in ihren großen Linien gerechtfertigt sei. Dabei aber verlieren wir die Kritik von Bréal[3] nicht aus den Augen, die sich jeder Wissenschaft über die Formen, welche die Form als solche »verwirklicht« und sie als lebendes Wesen einsetzt, entgegenstellt. Wo bleibt in diesem so mannigfaltigen und so eng verbundenen Ganzen der Mensch? Und bleibt da noch Platz für den Geist? Oder haben wir, im Schutze einer Terminologie, etwas anderes als eine nur bildhafte Psychologie getrieben? Ist es nicht Zeit, auf die Quelle zurückzugehen? Diese Formen, die im Raum und in der Materie leben, leben sie nicht zuerst im Geiste? Oder vielmehr, leben sie nicht tatsächlich und sogar einzig im Geiste, wobei ihre äußere Aktivität nichts weiter als die Spur eines inneren Vorganges wäre?

Gewiss leben die Formen, die sich im Raum und in der Materie ausdrücken, im Geiste. Es fragt sich nun, was sie da treiben, wie sie sich da verhalten, woher sie kommen, durch welche Zustände sie hindurchgehen und welches endlich ihre Umtriebe oder ihr Wirken sind, bevor sie Körpergestalt annehmen – wenn man sich überhaupt vorstellen kann, dass sie als Formen, und wäre es sogar im Geiste, keinen »Körper« haben könnten, was an dem Problem das Wesentlichste ist. Thronen sie wie Muttergöttinnen in einer entfernten Region, um von dort zu uns zu kommen, wenn wir sie rufen? Oder wachsen sie langsam, aus einem dunkeln Keim geboren, wie Tiere? Muss man annehmen, dass sie sich in den noch nicht gemessenen und nicht beschriebenen Räumen des geistigen Lebens aus unbekannten Kräften, die wir nicht nennen könnten, bereichern, welche ihnen für immer den Zauber einmaliger Schöpfungen verleihen? Wenn man diese Fragen so stellt, laufen sie Gefahr unbeantwortet oder doch wenigstens ohne befriedigende Antwort zu bleiben, denn sie setzen einen Gegensatz voraus und gehorchen ihm, an dem wir uns schon gestoßen, den wir aufzulösen versucht haben. Wir glauben, dass zwischen Geist und Form kein Gegensatz besteht und dass die Welt der Formen im Geiste im Prinzip mit der Welt der Formen im Raum und in der Materie gleichbedeutend ist: es besteht zwischen ihnen nur ein Unterschied der Ebene oder, wenn man will, der Perspektive.

Das menschliche Bewusstsein neigt immer zu einer Sprache und auch zu einem Stil. Bewusstwerden heißt Formwerden. Sogar in den Schichten, die unter der Zone des Bestimmten und des Klaren liegen, gibt es noch Formen, Maße, Beziehungen. Es ist eine Eigentümlichkeit des Geistes, sich selbst beständig darzustellen. Er gleicht einer Zeichnung, die entsteht und vergeht, und seine Tätigkeit ist in diesem Sinn gesehen eine künstlerische. So wie der Künstler bearbeitet auch der Geist die Natur, bearbeitet er die Gegebenheiten, die ihm das physische Leben von innen herzureicht, und er hört nicht auf, sie zu bearbeiten, um daraus seine ihm eigentümliche Materie zu machen, Geist daraus zu machen, sie zu formen. Diese Arbeit ist so mühsam, dass er ihrer manchmal müde wird, dass er das Bedürfnis empfindet, sich gehen zu lassen, die Gestalt zu verlieren, mit Passivität aufzunehmen, was ihm aus den ozeanischen Tiefen des Lebens zuströmt. Er glaubt sich zu verjüngen, wenn er den bloßen Instinkt herbeiruft, wenn er sich den flüchtigen Eindrücken hingibt, den grenzenlosen und dumpfen Wellen des Gefühls; er zerbricht die alten Wortformen, er zerstört das Schachbrett der Logik; doch diese Revolten und Tumulte des Geistes haben kein anderes Ziel als neue Formen zu erfinden, oder, besser gesagt, ihre dunkle und verworrene Tätigkeit ist noch einmal ein Einwirken auf die Formen, ein formales Phänomen. Wir sind zutiefst überzeugt, dass es möglich und nützlich wäre, auf diesen Grundlagen eine psychographische Methode aufzubauen, vielleicht indem man dabei sogar die Begriffe benützt, welche sich auf die Technik und die Handschrift beziehen, von denen wir eben sprachen. Unter unseren Augen entwickelt der Künstler eben die Technik des Geistes, er gibt uns davon eine Art Abguss, den wir sehen und berühren können.

Doch sein Vorrecht besteht nicht allein darin, genaue und geschickte Abgüsse herzustellen. Er fabriziert keine Sammlung fester Körper für ein psychologisches Laboratorium, er schafft eine vielfältige, zusammenhängende, konkrete Welt, und weil diese Welt im Raum und in der Materie vorhanden ist, sind ihre Maße und ihre Gesetze nicht mehr allein diejenigen des Geisteslebens im Allgemeinen, sondern besondere Maße und besondere Gesetze. Vielleicht sind wir in unserm Verborgensten eine Art von Künstler ohne Hände, aber das Ureigene des Künstlers besteht eben darin, Hände zu haben, und die Form in ihm liegt immer in Streit mit ihnen. Form ist nicht der Wunsch nach einer Tat, sondern immer die Tat selbst. Sie kann von Materie und Raum nicht absehen, und wir werden zu zeigen versuchen, dass die Form darin schon lebt, noch ehe sie Besitz davon ergriffen hat. Hier liegt ohne Zweifel der Unterschied zwischen dem Künstler und dem gewöhnlichen Menschen und noch mehr dem Intellektuellen. Der gewöhnliche Mensch ist kein Gott, der abgesonderte Welten erschafft, er ist kein Spezialist in der Erfindung und der Herstellung jener Raum-Utopien, jener märchenhaften Spielzeuge, aber er bewahrt eine Art Unschuld, die übrigens durch das, was man den Geschmack nennt, angekränkelt sein kann. Der Intellektuelle verfügt über eine Technik, welche nicht die Technik des Künstlers ist und diese Technik des Künstlers auch nicht achtet; die Technik des Intellektuellen geht notwendigerweise darauf aus, jede Tätigkeit den Vorgängen des urteilenden Verstandes anzupassen. In dem Augenblick, da wir genauer zu definieren versuchen, was die Technik beim Künstler Ursprüngliches und Unreduzierbares hat, fühlen wir selbst die Schwierigkeiten und vielleicht schon die Ermüdung unserer Anstrengung. Wir müssen den Handlungsvorgang in die Sprache des Verständlichen, des Vernunftmäßigen übersetzen. Wir müssen den Künstler unter die Lupe nehmen, versuchen, er selbst zu sein: aber ausscheiden, was er nicht ist, heißt das nicht, ihn seines ganzen Menschseins berauben? Wenn wir versuchen, seine Würde als Denker, aber als Denker eines *bestimmten* Gedankens, zu betonen, wird er sich dadurch nicht vielleicht entwürdigt vorkommen? Trotzdem müssen wir diesen Weg einschlagen, und zwar nur diesen Weg, ohne einen Strich davon abzuweichen, denn nur so haben wir Aussicht, der Wahrheit nahe zu kommen. Der Künstler ist weder Ästhetiker noch Psychologe noch Kunsthistoriker: er kann das alles werden – und umso besser für ihn. Aber das Leben der Formen in seinem Geiste ist nicht gleichbedeutend mit dem Leben der Formen im Geiste dieser Art von Wissenschaftlern, und es ist auch nicht jenes, das nachträglich im Geiste des begabten Betrachters mit einem Höchstmaß an gutem Willen und Sympathie wieder erzeugt werden kann.

Ist denn nun dieses Leben der Formen beim Künstler durch den Reichtum und die Intensität der Bilder charakterisiert? Man möchte er zunächst glauben, möchte sich den Geist des Künstlers ganz angefüllt, ganz erleuchtet vorstellen von glänzenden Halluzinationen, und das Kunstwerk sogar als die fast passive Kopie eines »inneren Werkes« deuten. Es kann sich in gewissen Fällen so verhalten. Doch im Allgemeinen sind der Reichtum, die Wucht und die Freiheit der Bilder nicht ausschließliche Eigentümlichkeit des Künstlers, ja er scheint manchmal sehr arm in dieser Hinsicht, während unter den gewöhnlichen Menschen jene, die diese Gaben besitzen, weniger selten sind als man meint. Wir alle träumen. Wir erfinden in unseren Träumen nicht nur eine Verkettung von Umständen, eine Dialektik des Geschehens, sondern Geschöpfe, eine Natur, einen Raum von quälender und illusorischer Echtheit. Wir sind die unwillkürlichen Maler und Dramaturgen einer Reihe von Schlachten, Landschaften, Jagd- und Raubszenen, und wir schaffen uns ein ganzes nächtliches Museum von improvisierten Meisterwerken, deren Unwahrscheinlichkeit einzig in der Fabel liegt; nicht aber in der Solidität der Massen oder in der Richtigkeit der Farben. Das Gedächtnis stellt uns ein nicht weniger reiches Programm zur Verfügung. Und so wie der Wachtraum die Werke des Visionärs hervorbringt, so arbeitet die Erziehung des Gedächtnisses bei gewissen Künstlern eine innere Form aus, die weder das eigentliche Bild noch die

Erinnerung darstellt und ihnen erlaubt, dem Despotismus des Objektes zu entgehen. Aber die so »geformte« Erinnerung hat schon besondere Eigenschaften; eine Art umgekehrtes Gedächtnis, aus berechnetem Vergessen gebildet, hat daran gearbeitet. Berechnetes Vergessen – zu welchem Zwecke und nach welchen Maßen? Wir betreten einen anderen Bezirk als den des Gedächtnisses und der Einbildungskraft. Das Leben der Formen im Geiste, so ahnen wir, ist keineswegs nach dem Leben der Bilder und Erinnerungen abgeklatscht.

Bilder und Erinnerungen genügen sich selbst, sie setzen sich aus unbekannten, völlig geistigen Künsten zusammen. Um vollkommen zu sein, brauchen sie nicht aus dieser Dämmerung herauszutreten, welche ihre Leuchtkraft und ihre Dauer begünstigt. Jähe Kunst der Bilder, welche die ganze Unbeständigkeit der Freiheit umfasst; verfängliche Kunst der Erinnerungen, die langsam Fugen in die Zeit zeichnet. Die Form verlangt gebieterisch danach, diesen Bezirk zu verlassen; ihre Wirkung nach außen, so haben wir gesehen, ist ihr inneres Prinzip, und ihr Leben im Geiste ist eine Vorbereitung auf das Leben im Raum. Noch ehe sie sich von der Idee trennt und in den Raum, die Materie und die Technik eingeht, ist sie Raum, Materie und Technik. Sie ist nie x-beliebig. So wie jede Materie ihre formale Bestimmung hat, so ist jeder Form ihre materielle Bestimmung schon im inneren Leben vorgezeichnet. Die Form ist da noch unrein, d.h. unbeständig, und so lange sie nicht geboren, d.h. äußerlich geworden ist, hört sie nicht auf, sich in dem sehr dünnen Netz der Korrekturen zu bewegen, zwischen denen ihre Experimente hin- und herschwanken. Das unterscheidet sie von den konsequenten und totalen Bildern des Traumes. Sie gleicht jenen Zeichnungen, die unter unseren Blicken nach ihrer Linie und ihrem Gleichgewicht zu suchen scheinen, deren vielfältige Unbewegtheit uns wie eine Bewegung vorkommt. Doch wenn auch diese Vorbestimmungen noch keiner Wahl folgen, die sie festlegt, so sind sie dennoch weder undeutlich noch gleichgültig. Mögen Absicht, Wunsch, Vorahnung noch so kümmerlich, noch so flüchtig sein, die Form ruft ihren technischen Beifügungen, ihren technischen Eigenheiten, ihrem technischen Zauber und macht sie sich zu eigen. Schon im Geiste ist sie Auftrag, Einschnitt, Facette, lineare Strecke, geknetetes oder gemaltes Ding, Anordnung von Massen in bestimmten Materien. Sie ist keine Abstraktion. Sie ist kein

Ding an sich. Tasten und Sehen sind in ihr immer miteinbezogen. So wie der Musiker in sich nicht die *Zeichnung* seiner Musik hört, keine Beziehung von Zahlen sondern Klänge, Instrumente, ein Orchester, so sieht der Maler in sich nicht die Abstraktion seines Bildes, sondern Farbtöne, eine Modellierung, eine Struktur. In seinem Geiste arbeitet die Hand. Im Abstrakten schafft sie das Konkrete und im Unwägbaren das Gewicht.

Wir stellen noch einmal mehr den großen Unterschied fest, der das Leben der Formen vom Leben der Ideen trennt. Beide haben sie eines gemeinsam, was sie vom Leben der Bilder und dem Leben der Erinnerungen unterscheidet; sie stellen sich auf die Tätigkeit ein, sie stellen eine gewisse Art von Beziehungen her. Sicher ist aber, wenn es eine Technik der Ideen gibt und wenn es auch unmöglich ist, die Ideen von ihrer Technik zu trennen, dass diese letztere sich nur an sich selbst misst und ihre Beziehungen zur äußern Welt wiederum eine Idee ist. Die Idee des Künstlers ist Form, und sein Gefühlsleben wird ebenfalls Form. Zärtlichkeit, Sehnsucht, Wunsch, Zorn und viele andere Gefühlsregungen sind in ihm fließender, verborgener, in größerer Fülle oft, von stärkerer Farbe und stärkerer Feinheit als bei den anderen Menschen, aber es muss nicht unbedingt so sein. Er taucht ganz im Leben unter und tränkt sich damit. Er ist nur Mensch, nicht Berufsmensch. Das soll keine Einschränkung bedeuten. Doch sein Vorrecht ist es, in Formen Bilder zu gestalten, in Formen sich zu erinnern, zu denken und zu fühlen. Man muss diese Anschauungsweise in ihrem vollen Umfang und in ihrer doppelten Bedeutung begreifen: wir behaupten nicht, dass die Form die Allegorie oder das Symbol des Gefühls ist, sondern seine ureigene Tätigkeit; sie setzt das Gefühl in Bewegung. Sagen wir eher, wenn man so will, dass sich die Kunst nicht damit zufriedengibt, die Empfindung mit einer Form zu umkleiden, sondern dass sie in der Empfindung die Form weckt. Doch von wo wir auch immer ausgehen mögen, wir werden immer bei der Form enden. Setzen wir uns zum Ziel, was übrigens nicht der Fall ist, eine Psychologie des Künstlers aufzustellen, dann müssten wir eine formale Vorstellungskraft, ein formales Gedächtnis, eine formale Empfindung und einen formalen Verstand analysieren, wir müssten alle Vorgänge bestimmen, durch die das Leben der Formen im Geiste eine erstaunliche

Beseeltheit verbreitet, welche auf die natürlichen Dinge sich stützend, diese imaginär erinnerungsmäßig gedacht und empfunden macht – und wir würden sehen, dass es Berührungen, Akzente, Töne und Werte sind. Die Definition Bacons[12] vom »homo additus naturae« ist vag und unvollständig, denn es handelt sich nicht einfach um irgendeinen homo, den Menschen im Allgemeinen, und es handelt sich auch nicht um eine von ihm gesonderte Natur, die ihn mit unüberwindlicher Passivität aufnimmt. Zwischen diese beiden, Mensch und Natur, tritt die Form. Der in Frage stehende Mensch, der Mensch, um den es geht, formt diese Natur; ehe er sich ihrer bemeistert, denkt er, fühlt er, sieht er sie als Form. Der Radierer sieht sie als Radierung und wählt aus ihr, was ihm schon von technischem Vorteil sein kann, – Rembrandt die Stalllaterne, die er über die Geheimnisse der Bibel führt; Piranesi den römischen Mondschein, dessen Licht und Schatten er abwechselnd auf die Ruinen fallen lässt, und da er Theatermaler war, könnte er unter den Stunden des Tages keine finden, die in höherem Maße das Künstliche und Schwindelerregende der Theaterperspektive begünstigt. Der Maler von Tonwerten liebt Nebel und Regen, welche die Farben aufeinander abstimmen; er sieht alles durch einen feuchten Vorhang, während der Kolorist Turner die Sonne verzehnfacht, gebrochen, kreisend in seinem Aquarellisten-Wasserglas betrachtet.

Aber hieße das nicht annehmen, dass das Leben der Formen im Geiste von einer strengen und vollkommenen Beständigkeit gelenkt wird, dass sich darin eine unerbittliche Vorbestimmung vollzieht, die zum Zwecke hätte, neben dem Menschen noch eine andere, besonders ausgestattete, an ihr Schicksal gebundene menschliche Art zu bestimmen, so wie es eine Tiergattung unter anderen Gattungen sein kann? Die Beziehungen des Formenlebens zu den anderen Tätigkeiten des Geistes sind nicht gleichbleibend und können nicht ein für allemal bestimmt werden. So wie wir die technischen Interferenzen berücksichtigen müssen, um das Spiel der Formen in der Materie zu verstehen, so müssen wir auch die Verschiedenheit von Struktur und Intonation in der Veranlagung der Menschen beachten. Manche unter ihnen sind vom Gedächtnis beherrscht: es begrenzt das Feld der Verwandlungen bei den Nachahmern, ohne deren Intensität bei den Virtuosen zu schwächen. Bei den Visionären drängt sich das herrische und plötzliche Erscheinen des Bildes dem Formenleben stürmisch auf. Es gibt Intellektuelle der Form, die sich bemühen, sie als Idee zu denken und ihr Leben nach dem Leben der Ideen zu regeln. Und wenn wir die ganze Skala der Temperamente auftreten ließen, könnten wir unschwer erkennen, dass das Leben der Formen davon in stärkerem oder schwächerem Maße berührt wird, sodass wir in einem bestimmten Augenblick unserer Analyse versucht wären, unsere Zuflucht zu einer Art von Graphologie zu nehmen.

Doch zu dieser Mannigfaltigkeit der Beziehungen zwischen dem Menschen im Künstler und dem Künstler selbst tritt noch eine weitere, die ausschließlich von der Art der Formen abhängt. Wir haben weiter oben hervorgehoben, was wir als formale Berufung der Materien der Kunst bezeichneten und wir meinten damit, dass diesen Materien ein bestimmtes technisches Schicksal eigentümlich ist. Dieser Bestimmung der Materien, diesem technischen Schicksal entspricht eine Bestimmung, eine Berufung der Menschen. Wir haben erkannt, dass das Leben der Formen nicht dasselbe ist im ebenen Raum des Mosaikers und im konstruierten Raum eines Alberti; in dem als Begrenzung gedeuteten Raum des romanischen Plastikers und in dem als Atmosphäre gedeuteten Berninis; es ist nicht dasselbe in den Materien der Malerei und in denen der Plastik, nicht in den vollen Farben, den Lasuren, im behauenen Stein, in der gegossenen Bronze; es ist nicht dasselbe im Holzschnitt oder in der Aquatinta. Nun entspricht aber einer bestimmten Art von Formen eine bestimmte Art von Geisteshaltung. Es steht uns nicht zu, die Gründe dieser Übereinstimmung zu erklären, aber es ist überaus wichtig, sie festzustellen. Wir wiederholen: diese Dinge geschehen im Leben, d.h. in einer Bewegung ohne strenge Regelmäßigkeit, auf dem Erfahrungswege, mit einem Schuss Glück, sogar wie ein Abenteuer. Wir beschreiben hier keine Erscheinungen physischer Natur, die sich in einem Laboratorium wiederholen lassen, sondern komplexere Tatsachen, deren allgemeinere Kurve manchen Schwankungen unterliegt: diese Fehler, diese Rückläufigkeiten, diese Versager tasten wohl den Lauf der Kurve ab, aber ohne sie aus ihrer Richtung zu lenken, im Gegenteil, sie bestätigen diese Richtung. Die Plastiker, die als Maler sehen, die Maler, die plastisch sehen, sind nicht nur Beispiele für den Grundsatz der Interferenzen, sie beweisen die Kraft der Bestimmung eben durch die Art und Weise, wie diese widersteht, wenn ihr widersprochen wird. In gewissen Fällen erkennt die Bestimmung ihre Materie oder ahnt sie, sie sieht sie, aber beherrscht sie noch nicht. Denn die Technik ist nicht fixfertig vorhanden, sie muss selbst erlebt werden, sie muss an sich selbst arbeiten. Die Jugend Piranesis zeigt uns ein bemerkenswertes Beispiel dieser ungeduldigen Vorahnung, welche nach Wissen drängt und die Erfahrung überflügeln möchte. Als Schüler bei einem guten, kalten und geschickten Radierer, dem Sizilianer Giuseppe Vasi, fragte Piranesi seinen Meister vergeblich nach dem Geheimnis der »wahren« Radierung, und weil der Lehrer mit seinen beschränkten Mitteln unfähig war, es ihm zu verraten, geriet der Schüler, so erzählt man, in heftigen Zorn. Wir haben ein berühmtes Zeugnis dieses Kampfes zwischen einer feurigen Berufung und einer Materie, die noch nicht vollkommen erfunden ist: die ersten Plattenzustände der »Prigioni«. Ihr Skelett ist schon sehr gewaltig, aber sie bleiben an der Oberfläche der Kupferplatte haften. Sie haben die ihnen eigene Substanz noch nicht erfasst und bestimmt. Man glaubt den Stichel in fiebriger Hast nach allen Richtungen wirbeln zu sehen, ohne dass es ihm gelingt, die Materie anzugreifen und zu durchdringen. Der Stichel entwirft voll Kühnheit das Liniennetz dieser kolossalen Konstruktionen, die noch nichts von ihrer Schwere und ihrer Nacht haben. Zwanzig Jahre später kommt der Künstler darauf zurück, er nimmt sie wieder auf, er gießt die Schatten hinein, fast könnte man sagen, dass er sie nicht in das Erz seiner Platten, sondern in den Fels einer unterirdischen Welt gräbt. Nun ist die Beherrschung eine vollständige, absolute, und man kann den Unterschied ermessen.

Das Leben der Formen im Geist ist also kein formaler Aspekt des Geisteslebens. Die Formen trachten danach, sich zu verwirklichen und verwirklichen sich tatsächlich, sie schaffen eine Welt, die wirkt und zurückwirkt. Der Künstler betrachtet sein Werk mit anderen Augen als wir, die wir uns bemühen müssen ihm zu gleichen, – vom Innern der Formen her, wenn man so sagen kann, und von seinem eigenen Innern her. Einmal losgelöst, hören die Formen nicht auf zu leben, sie verlangen nach Handlung, sie bemächtigen sich ihrerseits jener Tat, die sie hervorgerufen hat, um sie zu vergrößern, zu bestätigen, zu formen. Sie sind die Schöpferinnen der Welt, des Künstlers und des Menschen selbst. Um diese Beziehungen zu verdeutlichen, müsste man die Beobachtungen vervielfachen, eine reichere und angepasstere Terminologie finden als sie uns zur Verfügung steht. Man ahnt nun schon das Umfassende und Vielschichtige der Möglichkeiten. Dieses innere Leben entwickelt sich auf vielen Ebenen, welche durch Stege, Gänge, Stufen verbunden sind. Es ist voller Persönlichkeiten, die kommen und gehen, die herauf- und heruntersteigen und erstaunliche Lasten tragen. Sie wollen um jeden Preis die Schatzkammern verlassen, sie drängen nach dem Sonnenlicht, und oft kommen sie von den irdischen Stätten, wohin sie vorgedrungen sind, um einen neuen Strahl bereichert zurück zu einem neuen magischen Leben. Je mehr es sich verschwendet, umso mehr bereichert sich dieses Leben: daraus erklärt sich, dass das Alter des Künstlers von der Gebrechlichkeit der Menschen so verschieden ist.

Zusammenfassend können wir sagen, dass die Formen die Fähigkeiten und Bewegungen des Geistes weit eher verwandeln als einseitig ausbilden. Sie haben von ihnen nicht so sehr die Gestalt, sondern den Akzent erhalten. Sie sind mehr oder weniger Verstand, Fantasie, Gedächtnis, Feinfühligkeit, Instinkt, Charakter; sie sind mehr oder weniger Kraft der Muskeln, Dicke oder Flüssigkeit des Blutes. Aber sie wirken auf diese Voraussetzungen wie Erzieherinnen ein, lassen ihnen keinen Augenblick Ruhe; sie schaffen im Tier-Menschen einen neuen, mannigfaltigen und einheitlichen Menschen. Sie lasten mit ihrem ganzen Gewicht, das kein unwirkliches ist, weil es dasjenige der Materien der Kunst ist; sie errichten im Denken einen Raum, der kein beliebiger ist, weil es ein vom Denken gutgeheißener und gewollter Raum ist; sie schreiben eine Dialektik vor, die kein pures Spiel ist, weil die Technik eine schöpferische Tätigkeit ist. Am Kreuzweg von Psychologie und Physiologie stehen sie da mit der Autorität der Silhouette, der Masse, der Intonation. Wenn wir auch nur einen Augenblick aufhören, sie als konkrete und aktive, in die *Dinge* der Materie und des Raumes mächtig verstrickte Kräfte anzusehen, dann erfassen wir im Geiste des Künstlers nur Bilder- und Erinnerungslarven oder die formlosen Gesten des Instinkts.

Aus den vorangegangenen Betrachtungen kann man gewisse Schlussfolgerungen ziehen, von denen die einen das zeitliche Leben der Künstler betreffen, die anderen die Geistesgruppen oder -familien.

Das Handeln großer Menschen wird stets einen geheimnisvollen Nimbus, ein verborgenes Element bewahren, und man wird in den Einzelheiten ihres Lebens immer nach dem Schlüssel dazu suchen. Das Geschehen und die Anekdote werden für uns immer dokumentarischer und romantischer Stoff sein. Wir werden daraus unsere Heldenporträts und unsere Wahrheitsfabeln zusammenstellen, und wir werden nicht aufhören, den Schatz des Biographischen sogar auf einem Untergrund von Schatten und Staub aufglänzen zu lassen. Es ist wahr, dass jedes menschliche Leben seinen Roman enthält, d.h. eine Folge und Verkettung von Abenteuern: doch diese Abenteuer sind nicht von unbegrenzter Zahl, und man könnte von ihnen eine Liste aufstellen, genau wie von den dramatischen Situationen. Viel veränderlicher ist dagegen der Ton dieser Abenteuer selbst, je nachdem, was die Menschen daraus machen. Jedem von uns widerfährt ähnliches, wie es auch in den geschriebenen Romanen vorkommt. Die Dürftigkeit des Romanstoffes ist fundamental, denn seit den Anfängen dieser Gattung und des gesellschaftlichen Lebens wiederholt sich darin eine sehr kleine Zahl von Themen. Aber welcher Reichtum von Verwandlungen über einem so schmalen Unterbau, welche Abwechslung in den Typen, den Mythen, dem Milieu, dem Ton! Und so schaffen auch wir innerhalb der gleichen armseligen Zufälle unsere Mythen, unseren Stil, mit mehr oder weniger Nachdruck und Gewicht. Und ebenso geht der Künstler mit seinem von wenigen Abenteuern belasteten Roman vor. Wenn man diesen Roman auf einen Polizeibericht, auf eine Notiz in einem Lexikon reduziert, wie ist er dann arm an Tatsachen! Da ist Chardin, der sich im bescheidenen Kreis seiner engen, fast volkstümlichen Bürgerlichkeit glücklich fühlt; Delacroix in seinem einsamen Atelier; Turner, aus freien Stücken in sein Inkognito eingemauert, um sich gegen die Verhältnisse zu schützen. Fast könnte man sagen, dass sie den gewöhnlichen Gang des Lebens auf ein ewiges Alibi zusammendrängen, damit sie das wesentliche Geschehen, das ihnen vom Leben der Formen zukommt, besser aufnehmen können. Der engste Schauplatz genügt ihnen, und wenn sie ihn erweitern, dann nur, weil es die Form im Geiste fordert. Daher kommen dann ihre Reisen, die sie nicht nur im Raume, sondern in der Zeit fortbewegen. Daher schaffen sie, wie wir sehen werden, auch die ihnen notwendige Umwelt. Manchmal ist ihr Leben ein doppeltes, wofür uns Delacroix ein merkwürdiges Beispiel ist. Die Wirklichkeit seines Lebens spielt sich zwischen den Wänden eines wenig zugänglichen Verschlages ab, das Episodische seines Daseins aber vollzieht sich anderswo. Abends ist er in der Gesellschaft, tagsüber an seiner Aufgabe in dem heroischen Bezirk. Der Mensch in ihm liebt die Poesie und die Musik, welche seiner Malerei am wenigsten entsprechen, aber als »Mensch von Geschmack« kann er auf den Skandal eben dieser Malerei nicht verzichten, und weil er auch ein denkender Mensch ist, erklärt er die Art und Weise, wie die beiden Delacroix eng vereint leben. Nichts zeigt besser die Macht der Formen auf einen Geist als sein Tagebuch: von einem großen Menschen nehmen sie alles, um es uns zu geben. Es stimmt, dass gewisse Künstlerexistenzen das gesellschaftliche Leben zu fordern, zu suchen, ja sich der Welt mit einer Inbrunst zu widmen scheinen, die eben diese Macht der Formen leugnet. Rubens jedoch, als Ordner öffentlicher Feste und als Botschafter leistete sich den Luxus, lebendige Rubens zu komponieren, und diese Geistesfamilie hat das äußere Leben stets als plastische Masse genommen und sich darin gefallen, ihr die eigene Form in Festen, Paraden und Bällen aufzuzwingen. Das Leben selbst bildet dann die Substanz der Kunst. Allgemeiner gesagt: der Künstler steht vor dem Leben wie Leonardo da Vinci vor der baufälligen Mauer, die durch Zeit und Winter verheert, durch Stöße geborsten, von den Wassern der Erde und des Himmels fleckig geworden, von Rissen durchzogen ist. Wir sehen darauf nur die Spuren von alltäglichen Umständen. Der Künstler aber sieht darauf Menschengestalten, einzeln oder in Gruppen, er sieht Schlachten, Landschaften, zusammenstürzende Städte-Formen. Sie zwingen sich seinem tätigen Sehen auf, das sie entwirrt und sie wieder zusammenfügt. Sie zwingen sich auf oder sollten sich in gleicher Weise der Analyse aufzwingen, der wir sein Leben zu unterwerfen versuchen, in dem das Tatsächliche vor allem Form ist. So kann die Biographie Rembrandts nicht nach denselben Methoden angelegt werden, wie diejenige des Bürgermeisters Six, die von Velasquez nicht nach dem Muster derjenigen Philipps IV. gezeichnet, die Millets nicht aus dem gleichen Stoff gebildet werden, wie jene von Charles Blanc, der doch in seiner Art auch ein Künstler war.

Suchen wir nach Verbindungen und Beziehungen unter ihnen allen, dann erkennen wir, dass sie im Lauf des Lebens selbst viel weniger durch die Umstände bestimmt sind, als durch geistige Verwandtschaft in Bezug auf die Formen. Wenn wir sagen, dass einer gewissen Art der Formen eine gewisse Geisteshaltung entspricht, werden wir notwendigerweise zum Begriff der geistigen Familie oder vielmehr der formalen Familien geführt. Es genügt nicht, zu sagen, dass es Intellektuelle, Sensible, Erfinderische, Melancholische, Heftige gibt, und es wäre für uns gefährlich, wenn wir diese Naturen und Charaktere von innen her begreifen wollten. Man muss von den Erscheinungen im Raum ausgehen. Zählen sie denn nicht auch, wenn es darum geht, die anderen Menschen zu bestimmen und zu gruppieren? Aber die Spuren der gemeinsamen Tat, sind rasch verwischt und zunächst sehr gemischt. Überdies ist jede Handlung Gebärde und jede Gebärde Schrift. Diese Gebärden, diese Schriften haben für uns einen erstrangigen Wert, und wenn es zutrifft, wie James gezeigt hat, dass jede Gebärde auf das Leben des Geistes einen Einfluss ausübt, der nicht anders ist als der Einfluss jeder Form, dann wirkt die vom Künstler geschaffene Welt auf ihn selbst, in ihm selbst, und sie wirkt auch auf andere. Die Schöpfung erschafft den Gott. Eine statische, mechanische, die Verwandlungen ausschließende Auffassung der Technik würde uns dazu führen, Schule und Familie zu verwechseln: doch innerhalb derselben Schule, bei denselben Lehrmethoden gibt es Verschiedenheit der formalen Berufung, nie dagewesene oder erneuerte Formen arbeiten mühsam an sich selbst, die Tat will entstehen und sich entwickeln. Dann erlebt man es, wie Menschen vom selben Schlag sich erkennen und anrufen. Die menschliche Freundschaft kann zu diesen Beziehungen hinzukommen und sie begünstigen; aber das Spiel der empfangenden und wählenden Verwandtschaften in der Welt der Formen spielt sich in einem anderen Bezirk ab als demjenigen der Sympathie, gleichgültig ob letztere mitspielt oder nicht. Für diese Verwandtschaften ist der Augenblick, die Zeit, weder Rahmen noch Grenze. Sie entwickeln sich schrankenlos in der Zeit. Jeder Mensch ist zunächst sein eigener Zeitgenosse und derjenige seiner Generation, aber er ist auch der Zeitgenosse der geistigen Gruppe, welcher er angehört. In noch höherem Maße ist das beim Künstler der Fall, weil seine Ahnen und seine Freunde für ihn nicht Erinnerungen, sondern Gegenwart bedeuten. Sie stehen so lebendig wie je vor ihm. Das erklärt ganz eigentlich die Rolle der Museen im 19. Jahrhundert: sie ermöglichen den geistigen

Familien, sich zu erkennen und sich über Zeit und Raum hinweg zu verbinden. Selbst in Zeiten und Ländern, wo die Beispiele verstreut liegen, selbst wenn der Zustand der Stile eine kanonische Starrheit aufzwingt, selbst in den sozialen Umwelten mit strengsten Forderungen wirkt sich die Verschiedenheit der geistigen Familien aus. Auch jene Epoche, die sich von der Vergangenheit am leidenschaftlichsten abwendet, ist von Menschen aufgebaut, welche Vorfahren gehabt haben. Zeiten und Lebenskreise, die nicht der Geschichte angehören, setzen sich in der Geschichte selbst fest. Man sieht Rassen sich darin ausbreiten, die nicht diejenigen der Anthropologie sind. Sie mögen sich ihrer selbst bewusst sein oder auch nicht, aber sie sind da. Um da zu sein, brauchen sie sich nicht zu kennen. Zwischen Meistern, welche nie die geringste Verbindung unter sich hatten, welche alles, die Natur, die Entfernung, die Jahrhunderte, trennt, stellt das Leben der Formen enge Beziehungen her. Eine neue Einschränkung für die Lehre von den Einflüssen: nicht nur dass diese nie passiv sind, sondern wir brauchen sie auch nicht um jeden Preis in Anspruch zu nehmen, um ihnen vorausgehende und von jedem Kontakt unabhängige Verwandtschaften zu erklären. Das Studium dieser Familien als solche, ist für uns unentbehrlich. Wir haben einige ihrer Wesenszüge aufgezählt, indem wir uns mit einer von ihnen, den Visionären nämlich, beschäftigten, die vielleicht am leichtesten zu erfassen sind. Doch damit diese Untersuchung nach allen Richtungen zu Ende geführt werden kann, setzt sie – wir haben das schon erwähnt – die Kenntnis der Beziehungen zwischen Form und Zeit voraus.

V. Die Formen in der Zeit

An diesem Punkt unserer Untersuchungen sehen wir, wie Lehrmeinungen, ja wie sogar in uns selbst widerstrebende Gedankengänge aufeinanderprallen. Welches ist die Stellung der Form in der Zeit, und wie verhält sie sich darin? In welchem Grad ist sie Zeit, und in welchem Grad ist sie es nicht? Das Kunstwerk ist einerseits zeitlos; seine Tätigkeit, sein Kampf vollzieht sich vor allem im Raum. Und anderseits steht es vor und nach anderen Werken. Es entsteht nicht plötzlich, es geht aus einer Reihe von Versuchen und Erfahrungen hervor. Vom Leben der Formen sprechen, heißt notwendigerweise an die Vorstellung der Aufeinanderfolge erinnern.

Doch die Vorstellung der Aufeinanderfolge setzt verschiedene Auffassungen der Zeit voraus. Sie kann abwechselnd als Maßnorm oder als Bewegung, als eine Reihe von Unbewegtheiten oder als eine Bewegtheit ohne Stillstand gedeutet werden. Die historische Wissenschaft löst diesen Widerspruch durch gewisse Hilfskonstruktionen. Die Untersuchung über die Vergangenheit, welche diese Konstruktion der Zeit nicht zum Gegenstand hat, kann sie dennoch nicht entbehren. Sie entwickelt sich nach einer Perspektive, d. h. nach einem System von Maßen und Beziehungen innerhalb bestimmter Grenzen.

Für den Historiker beruht die Organisation der Zeit, wie unser Leben selbst, auf der Chronologie. Es genügt nicht nur, zu wissen, dass die Tatsachen aufeinanderfolgen, sie folgen auch bestimmten Abständen aufeinander. Und diese Abstände wiederum verlangen nicht nur eine Einreihung, sondern unter gewissen Einschränkungen schon eine Deutung. Die Beziehungen zwischen zwei Tatsachen in der Zeit sind nicht die gleichen, je nachdem jene weiter oder weniger weit voneinander entfernt liegen. Hier besteht eine Übereinstimmung mit der Beziehung zwischen den Gegenständen im Raum und im Licht, mit ihrer relativen Dimension, mit der Projektion ihrer Schatten. Die Anhaltspunkte der Zeit haben keinen rein numerischen Wert. Sie gleichen nicht den Unterteilungen des Meters, welche die Leere eines gleichgültigen Raumes punktieren. Der Tag, der Monat, das Jahr haben einen Anfang und ein Ende, die wohl veränderlich, aber wirklich vorhanden sind. Sie geben uns ebenso viele Beweise für die Echtheit unserer Maße. Der Historiker einer immer gleichmäßig beleuchteten Welt, ohne Tag, ohne Nacht, ohne Monat, ohne Jahreszeiten könnte nur eine mehr oder weniger vollständige Gegenwart schildern. Der Rahmen unseres Lebens bildet das Maß der Zeit, und die Technik der Geschichte ist in dieser Hinsicht ein Abklatsch der natürlichen Organisation.

Das ist der Grund warum wir, die wir einer in allen Teilen so notwendigen und feststehenden Ordnung unterstehen, ohne Zweifel entschuldigt sind, wenn uns einige schwerwiegende Verwechslungen zwischen der Chronologie und dem Leben, zwischen dem Anhaltspunkt und der Tatsache, zwischen dem Maß und der Tat unterlaufen. Wir haben die größten Schwierigkeiten, der Auffassung einer gleichlaufenden Zeit zu entsagen, denn wir übertragen diesen gleichartigen Maßen nicht nur einen metrischen Wert, der außerhalb jeder Diskussion steht, sondern auch eine Art von organischer Gültigkeit. Von Maßen werden sie zu Begrenzungen, von Begrenzungen werden sie zu Körpern. Wir personifizieren sie. Es gibt nichts Merkwürdigeres in dieser Hinsicht als den Begriff des Jahrhunderts. Es fällt uns schwer, ein Jahrhundert nicht als lebendes Wesen zu betrachten, ja, ihm die Ähnlichkeit mit einem Menschen zu versagen. Jedes Jahrhundert zeigt sich uns in seiner ihm eigenen Farbe, mit seiner Physiognomie, und wirft den Schatten einer bestimmten Silhouette. Vielleicht ist es nicht ganz ungerechtfertigt, diese weiten Landschaften der Zeit zu bilden. Als Folge dieser organischen Vorstellung lässt man jedes dieser Jahrhunderte mit einer Art Kindheit beginnen, die sich durch eine Jugendzeit fortsetzt, um wiederum vom reifen Alter und endlich vom Vorfall abgelöst zu werden. Es besteht sogar die Möglichkeit, dass durch eine seltsame Konsequenz des historischen Bewusstseins diese Form schließlich in konkreter Weise wirkt. Da man sie ja ständig gebraucht, ihr ständig einen Körper gibt und die verschiedenen Perioden dieser hundert Jahre wie die verschiedenen menschlichen Lebensalter deutet, welche zwischen den beiden Klammern von Geburt und Tod eingeschlossen sind, macht es sich die Menschheit vielleicht zur Gewohnheit, in

Jahrhunderten zu leben. Diese allgemeinübliche Täuschung wirkt sich auf die Arbeit des Historikers aus. Auch wenn man zugibt, dass der gesunde Menschenverstand z. B. um 1900 herum den Begriff »fin de siècle« verwirklichen konnte, dann fällt es schwer, anzunehmen, dass der chronologische Anfang oder das chronologische Ende irgendeines Jahrhunderts unvermeidlich mit dem Anfang oder dem Ende einer historischen Wirklichkeit zusammenfallen müsse. Dennoch sind unsere Forschungen nicht frei von diesem »Jahrhundert-Mystizismus«, und um sich davon Rechenschaft zu geben, genügt es, das Inhaltsverzeichnis einer großen Zahl von Werken durchzusehen.

Die eben beschriebene Vorstellung hat etwas Monumentales, sie organisiert die Zeit wie eine Architektur und verteilt sie wie die Massen eines Gebäudes auf einem gegebenen Plan, in chronologisch beständigen Zonen. So ist auch die Zeit in den Museen auf Säle und Vitrinen verteilt. Diese Vorstellung neigt dazu, das historische Leben nach bestimmten Umgrenzungen zu formen und diesen letzteren sogar einen aktiven Wert beizulegen. Aber in unserem Innersten wissen wir sehr wohl, dass die Zeit etwas Werdendes bedeutet, und wir verbessern mit mehr oder weniger Glück unsere monumentale Vorstellung durch diejenige einer fließenden Zeit und einer plastischen Dauer. Wir müssen anerkennen, dass eine Generation ein Ganzes darstellt, in dem alle Menschenalter nebeneinander vorhanden sind, dass ein Jahrhundert länger oder kürzer ist, dass seine Perioden ineinander übergehen. Gerade das Grundelement der Chronologie, das Datum, erlaubt ja, die überbordenden Messungen einzuschränken. Darin liegt die Sicherheit des Historikers.

Das will nicht heißen, dass die Mystik, die auf den Begriff des Jahrhunderts wirkt, sich nicht auch auf denjenigen des Datums als Anziehungspol, als Kraft an sich betrachtet, auswirkt. Aber ein und dasselbe Datum umfasst die äußerste Verschiedenheit der Orte, die äußerste Verschiedenheit der Handlung und außerdem am selben Ort noch sehr verschiedene Handlungen, das Politische, das Wirtschaftliche, das Gesellschaftliche, die Kunst. Der Historiker, der die Ereignisse in ihrer Aufeinanderfolge liest, liest sie auch in die Breite, synchronisch, so wie der Musiker eine Orchesterpartitur liest. Die Geschichte verläuft nicht einlinig als reine Abfolge, sie kann als eine Übereinanderlagerung von weit ausgedehnten Gegenwarten angesehen werden. Der Umstand, dass die verschiedenen Arten des Handelns gleichzeitig sind, d.h. im gleichen Augenblick erfasst werden, bedeutet noch nicht, dass sie alle am gleichen Punkt ihrer Entwicklung stehen. Im gleichen Zeitpunkt haben das Politische, das Wirtschaftliche, das Künstlerische auf ihrer jeweiligen Kurve nicht die gleiche Stelle erreicht; die Linie, die sie in einem gegebenen Augenblick verbindet, erscheint meistens sehr gewunden. Theoretisch nehmen wir das ohne weiteres an; in der Praxis aber kommt es vor, dass wir dem Bedürfnis einer vorherbestimmten Harmonie nachgeben, dass wir den Zeitpunkt als Brennpunkt oder als Verdichtungspunkt betrachten. Nicht dass er das nicht sein könnte, aber er ist es nicht von vornherein. Die Geschichte stellt im Allgemeinen einen Konflikt zwischen Vorzeitigem, Gegenwärtigem und Verspätetem dar.

Jede Handlungsart gehorcht der ihr eigenen Bewegung, welche durch innere Forderungen bestimmt, durch Kontakte verlangsamt oder beschleunigt wird. Diese Bewegungen sind nicht nur unter sich verschieden, es ist auch keine von ihnen gleichförmig. Die Kunstgeschichte zeigt uns im selben Moment Überlebendes und Vorweggenommenes nebeneinander, langsame, bremsende Formen gleichzeitig mit kühnen und raschen Formen. Ein mit Sicherheit datiertes Denkmal kann vor oder nach seiner Zeit stehen, und gerade darin liegt der Grund, warum seine Datierung wichtig bleibt. Die Zeit läuft bald lang-, bald kurzwellig, und die Chronologie dient nicht dazu, die Stetigkeit und Isochromie der Bewegungen zu beweisen, sondern die Verschiedenheit der Wellenlängen zu messen.

Jetzt begreifen wir, in welcher Weise sich das Formproblem in der Zeit stellt. Es ist zweifach. Zunächst ein Problem innerer Natur: welches ist die Stellung des Werkes in der formalen Entwicklung? Dann ein äußeres Problem: welches ist die Beziehung dieser Entwicklung zu den anderen Aspekten der menschlichen Tätigkeit? Wenn die Zeit des Kunstwerkes die Zeit aller Geschichte wäre, und wenn alle Geschichte in einer gleichen Bewegung fortschritte, würde sich die Frage nicht stellen; doch dem ist nicht so. Die Geschichte zeigt keine wohlskandierte Folge harmonischer Bilder, sondern in allen ihren Punkten Verschiedenheit, Austausch, Konflikt. Da erscheint die Kunst mit hineinverstrickt, und weil sie ein Handelndes ist, wirkt sie nicht nur in sich, sondern auch außerhalb ihrer selbst.

Nach Taine[13] ist die Kunst ein Meisterwerk des Zusammentreffens äußerer Bedingungen. Darin liegt die schwerwiegendste Unzulänglichkeit seines Systems. Sie wirkt auf uns weit anstößiger als die falsche Strenge seines Determinismus und dessen an Vorsehung erinnernder Charakter. Dagegen ist es sein Verdienst, die Vorstellung von der Zeit bereichert zu haben, indem er sie nicht mehr als eine Macht an sich betrachtet, weil sie ja gleich dem Raum nichts ist, es sei denn, sie werde erlebt; sein Verdienst ist es auch, mit dem Mythus des Sensen-Gottes, sei er Schöpfer oder Zerstörer, gebrochen und das Verbindende zwischen den vielfachen Anstrengungen des Menschen innerhalb seiner Rassen, seiner Umwelten, seiner Zeiten gesucht zu haben. Dadurch führte Taine zweifellos eine weniger für die Kunst als für die Kulturgeschichte dauerhafte Technik ein. Man darf sich immerhin fragen, ob dieser großartige Lebensideologe etwas anderes getan hat, als eine Mythologie mit einer anderen zu vertauschen, wenn er die Fülle der menschlichen Kultur an die Stelle einer wirksamen Leere der Zeit setzt.

Es steht uns nicht zu, den alten, immer der Verwechslung zwischen Ethnographie, Anthropologie und Linguistik ausgesetzten Begriff der Rasse einmal mehr zu kritisieren. Von welcher Seite man sie auch immer betrachtet, ist die Rasse weder stabil noch konstant. Sie verarmt, sie nimmt zu, sie vermischt sich. Sie verwandelt sich unter dem Einfluss des Klimas, und schon die einfache Tatsache ihrer räumlichen Wanderung bedeutet für sie Veränderung. Sowohl die Sesshaften als auch die Nomaden sind von überallher gefährdet. Es gibt im Weltall keine Schutzparke für reine Rassen. Selbst mit größter Strenge geübte Endogamie verhindert die Rassenkreuzung nicht. Die am besten geschützten insulären Lebensbereiche sind den Infiltrationen, den Invasionen offen. Auch das Gleichbleiben der anthropologischen Merkmale, hat die Beständigkeit der Werte nicht notwendigerweise zur Folge. Der Mensch arbeitet an sich. Selbstverständlich kann er jene antiken Schichten der Zeit nicht zerstören. Man muss sie berücksichtigen. Sie bilden nicht ein Gerüst, einen Sockel, sie sind weit eher eine Tonalität. Sie vermitteln dem komplexen Gleichgewicht einer Kultur Modulationen, Akzente, ähnlich jenen, welche die Eigentümlichkeiten einer Sprache kennzeichnen. Es trifft zu, dass die Kunst sie manchmal auf seltsame Weise hervorhebt. Sie tauchen wie erratische Blöcke, wie Zeugen der

Vergangenheit, in einer friedlich gewordenen Landschaft auf. Man darf annehmen, dass gewisse Künstler besonders »ethnisch« sind, aber das bleiben Einzelfälle und nicht konstante Tatsachen. Denn die Kunst bildet sich in der Welt der Formen und nicht in der unbestimmten Region des Triebhaften. Die Tatsache, dass man aus dem Halbdunkel des psychologischen Lebens den Trieb eines Werkes herausreißt, setzt eine Menge von neuen Berührungspunkten und die Herrschaft neuer Gegebenheiten voraus. Die formale Bestimmung wirkt sich aus, die Verwandtschaften verketten sich, der Künstler schließt sich seiner Gruppe an. Wie soll man leugnen, dass in der homogensten Rasse eine große Mannigfaltigkeit von geistigen Familien existiert, die ihr Netz über jenes der Rassen selbst legen? Und der Künstler gehört nicht nur einer Geistesfamilie und einer Klasse an, er gehört überdies zu einer Künstlerfamilie, denn er ist ein Mensch, der die Formen bearbeitet und den die Formen ihrerseits bearbeiten.

So zwingt sich uns eine vorsichtige Beschränkung auf oder vielmehr eine Verschiebung der Werte. Aber stimmt es denn nicht, dass gewisse Bezirke der Kunst, wo sich die Anstrengung der Überlieferung und dem Kollektivgeist gefügiger zeigt, engere Beziehungen zwischen dem Menschen und seiner ethnischen Gruppe aufweisen, z. B. die Ornamentik, die Volkskunst? Sind gewisse formale Blöcke nicht als authentische Sprache bestimmter Rassen anzusehen? Findet sich im Flechtband nicht Bild und Zeichen einer Gedankenwelt, die den Völkern des Nordens eigen ist? Doch das Flechtband und allgemeiner, das geometrische Vokabular, sind der ganzen primitiven Menschheit gemeinsam, und wenn sie zu Beginn des Spätmittelalters wieder auftauchen, wenn sie den Mittelmeer-Anthropomorphismus überdecken und entstellen, dann ist das viel weniger das Aufeinanderprallen zweier Rassen, als vielmehr das Aufeinandertreffen von zwei Zuständen der Zeit oder, um es deutlicher zu sagen, von zwei Zuständen des Menschen. In abgelegenen Milieus hält die Volkskunst den alten Zustand, die unbewegte Zeit, die alten Vokabulare der Vorgeschichte mit einer Einheitlichkeit aufrecht, welche, nur vom Klima des historischen Lebens gefärbt, die ethnographischen und linguistischen Einteilungen übersteigt. Man kann dieselbe Kritik, in einem anderen Sinn, auch für die Deutung der gotischen Kunst durch die Romantik verwenden: die vielschichtigen, gewaltigen und schattigen Kathedralen galten damals als entscheidender Ausdruck einer Rasse, der diese Architektur erst spät bekannt wird, die sie immer nur mühsam nachahmte. Man sah darin den Geist der Wälder aufleben, einen verworrenen, mit Glaubensinbrunst vermischten Naturalismus. Diese Ideen sind noch nicht vollständig erloschen, jede Generation verleiht ihnen ein Eintagsleben, sie tauchen periodisch auf wie die Kollektivmythen, welche der Geschichte etwas Legendäres geben. Die Untersuchung der Formen, so wie wir sie zu führen versuchen, zerstört diese poetische Anleihe, dieses auf den Kopf gestellte Programm, und rückt eine experimentelle Logik in den Vordergrund, die sie von überallher aufs energischste Lügen straft.

Der Mensch ist nicht eingesiedelt in eine ewige Bestimmung, er ist dem Austausch und den Übereinstimmungen zugänglich. Die Gruppen, die er bildet, sind weniger einer biologischen Fatalität verpflichtet, als vielmehr der Freiheit einer überlegten Anpassung, dem Einfluss starker Persönlichkeiten, der beharrlichen Kulturarbeit. Auch eine Nation beruht auf lange dauernden Erfahrungen. Sie hört nicht auf, sich selbst zu denken und sich aufzubauen. Man kann sie als ein Kunstwerk betrachten. Die Kultur ist nicht Reflex, sondern fortschreitende Inbesitznahme und Erneuerung. Sie schafft wie ein Maler, mit Strichen und Auftragungen, welche das Bild bereichern. So zeichnen sich auf dem dunkeln Hintergrund der Rassen verschiedene Bildnisse des Menschen ab. Werke des Menschen selbst, Lebenshaltungen, welche bereits Landschaften und Interieurs darstellen und selber den Raum, die Materie, die Zeit »formen«. Die nationalen Gruppen neigen dazu, Geistesfamilien zu werden. In dieser Eigenschaft geben sie gewissen Formen den Vorrang. Die verschiedenen Phasen der Stile lösen sich in ihrer Geschichte nicht mit derselben Folgerichtigkeit ab. Gewisse Völker bewahren in der barocken Phase klassisches Maß und klassische Stabilität, andere vermengen die Reinheit ihres Klassizismus mit einem barocken Einschlag.

Man kann also mit einiger Berechtigung anerkennen, dass sich die nationalen Schulen nicht nur als Rahmen bilden. Zwischen und über ihren Gruppen vollzieht das Leben der Formen eine Art von fließender Gemeinschaft. Es gibt ein romanisches Europa, ein gotisches Europa, ein humanistisches Europa, ein romantisches Europa. Um das vorzubereiten, was wir Mittelalter nennen, arbeitet der Okzident mit dem Orient Hand in Hand. Es gibt Perioden im Laufe der Geschichte, wo die Menschen gleichzeitig die gleichen Formen ausdenken. Der Einfluss stellt dann nichts anderes dar, als das Werkzeug der Wahlverwandtschaften, und man kann sagen, dass er sich nicht außerhalb der letzteren auszuwirken vermag. Um zu verstehen, wie sich diese unbeständigen Übereinstimmungen bilden und wieder auflösen können, wäre es vielleicht nicht unnütz, die alte Unterscheidung Saint-Simons zwischen kritischen und organischen Epochen wieder aufzunehmen, wobei die einen durch die widersprechende Mannigfaltigkeit der Versuche, die anderen durch die Einheitlichkeit und Stetigkeit der erlangten Resultate gekennzeichnet sind. Aber Vorzeitiges und Verspätetes ist immer vorhanden, in jeder organischen Epoche, deren Unterbau ein kritischer bleibt.

Um uns die sonderbaren Bewegungen zu erklären, welche das Leben der Formen beschleunigen oder verzögern, genügen weder die Unterschiede zwischen den menschlichen Gruppen, noch die Gegensätze zwischen den Jahrhunderten oder den Epochen. Hier ist die komplexe Vielfalt der Faktoren außerordentlich groß. Sie kann sich im umgekehrten Sinne auswirken. Das Studium über die Ursprünge des französischen »style flamboyant« gibt uns für diese Unregelmäßigkeiten ein merkwürdiges Beispiel. Gewisse Autoren führen sie auf den englischen Einfluss während des hundertjährigen Krieges zurück. Nach anderen wiederum enthält schon die französische Architektur des 13. Jahrhunderts das Grundelement der Spätgotik, den Kielbogen. Diese beiden Anschauungen sind gleichermaßen wichtig. Denn es stimmt tatsächlich, dass der Kielbogen bereits in der Zeichnung gewisser altfranzösischer Formen vorhanden ist und dass das Zusammentreffen des Spitzbogens mit dem unteren Teil eines Vierpasses einen vollkommenen Aufriss davon ergibt: aber unsere Kunst löst ihn nicht aus, im Gegenteil, sie verschließt ihn in sich, sie verbirgt ihn als ein der architektonischen Festigkeit und der monumentalen einheitlichen Wirkungen feindliches Element. Indessen grenzt in England von der zweiten Hälfte des 8. Jahrhunderts an die Stilentwicklung an den Barock, sie zeigt eine Überfülle von Bögen und Kielbögen, sie verrät und bestimmt eine neue Phase in der Architektur, von der sie sich übrigens bald wieder abwendet. Das historische Zusammentreffen zweier verschiedener Phasen, zweier verschiedener Geschwindigkeiten, ruft in der französischen Kunst durch das Sicheinschalten fremder Beiträge keine Revolution hervor, sondern, richtiger gesagt, eine Wandlung, die gewisse frühere und verborgene Züge wieder ans Licht bringt, indem sie ihnen neuen Auftrieb verleiht.

Die Frage ist übrigens nichts weniger als einfach. Um ihr näher zu kommen, genügt es nicht, hier und dort die Phasen eines Stiles zu vergleichen, die Art und die Folgen ihrer Berührungen zu erforschen. Man muss ebenso diejenigen Teile untersuchen, welche nicht notwendigerweise synchron sind. Die englische Gotik bleibt lange der Auffassung der Massen treu, wie die normannische Kunst sie kennt, während sie im Maßwerk der Bögen rasch voraneilt, um so gleichzeitig eine vorwegnehmende und eine konservative Kunst zu sein.

Ähnliche Betrachtungen kann man über die langsame Architekturentwicklung in Deutschland anstellen. Während sich in Frankreich die Experimente häufen und verketten, welche in anderthalb Jahrhunderten von den archaischen Formen der romanischen Kunst zu den vollendeten Formen der Gotik überführen, reicht die ottonische Kunst einerseits noch ins Karolingische zurück, um anderseits fortlaufend die romanische Kunst am Rhein zu beeinflussen, die ihre charakteristischen Eigenheiten selbst dann noch beibehält, wenn sie die Spitzbogenfenster übernimmt.

Hier handelt es sich nicht um das Genie einer Rasse oder eines Volkes, das bremsend wirkt, sondern um das Gewicht von Beispielen, welche an eine politische Überlieferung gebunden sind, die ihrerseits wiederum eine dem heidnischen und vorgeschichtlichen Germanien durch die Schöpfer einer modernen Ordnung aufgezwungene Form war – Form und Programm als solche durch Zivilisatoren aufgefasst, die ihren Gründungen vom ersten Augenblick an auf dem unberührten Boden kaiserliche Ausmaße gaben. Deutschland behält davon die Zwangsvorstellung des Gewaltigen. Nie sah man die Architektur klarer an der Schöpfung einer Welt mitarbeiten und sie mit größerer Strenge durch die Zeiten aufrechterhalten.

Die monumentale Autorität der Beispiele und die Kraft der formalen Überlieferung lasteten von überallher auf Deutschland und hemmten dort die Verwandlungen. Indessen bildete sich an den Ufern der Aisne und der Oise, in einer bäuerlichen Mittelmäßigkeit, wo das Reich wenig Macht gehabt und wenig Spuren zurückgelassen hatte, die Definition des gotischen Stiles aus. An anderen Stellen, wo man es auch damit versuchte, zeitigte er keine Ergebnisse oder nur Zwitterformen, vor allem überall dort, wo ihm das romanische Gewölbe Meisterwerke entgegenstellte. In den Krongütern beschleunigte die Freiheit der Versuche das Wachstum der gotischen Kunst bis zu jenem Tag, an dem ihre Erfolge den ganzen Umkreis beherrschten und ihrerseits eine Formel mit langsamen Veränderungen aufzwangen.

Aber sollten wir nicht bei unserer Untersuchung über das Verhältnis zwischen der stilistischen und der historischen Entwicklung auch dem Einfluss, der durch die natürlichen und die sozialen Verhältnisse auf das Leben der Formen ausgeübt wird, einen Platz einräumen?

Trotz der Bedeutung der Übertragungserscheinungen scheint es schwierig, die Architektur außerhalb einer bestimmten Umwelt zu begreifen. In ihren Ursprungsformen ist diese Kunst aufs Stärkste an die Erde gebunden, einem Auftrag unterstellt, einem Programm ergeben. Die Architektur errichtet ihre Denkmäler unter einem bestimmten Himmel, in einem bestimmten Klima, auf einem Boden, der ihr seine bestimmten Materialien liefert und keine anderen, in einer Landschaft von einer bestimmten Eigentümlichkeit, in einer mehr oder minder reichen, mehr oder minder bevölkerten, mit Handwerkern mehr oder weniger versehenen Stadt. Sie genügt kollektiven Bedürfnissen, selbst wenn sie private Behausungen baut. Sie ist geographisch und soziologisch. Der Backstein, der Naturstein, der Marmor, die vulkanischen Materialien sind nicht reine Farbelemente, sondern Strukturelemente. Reichlicher Regen fordert spitze Giebel, Wasserspeier, Traufen auf den Außenseiten der Strebebögen. Trockenheit erlaubt anstelle der Dächer Terrassen zu setzen. Strahlendes Licht verlangt nach schattigen Kirchenschiffen. Bedeckte Himmel rufen einer Vielfalt von Öffnungen. Der rare und teure Boden in den volkreichen Städten drängt zu Ausladungen und Vorbauten. Anderseits tragen die historischen Lebenskreise, wie z. B. die großen Feudalstaaten Frankreichs im 11. und 12. Jahrhundert dazu bei, die verschiedenen Arten der romanischen Kirchen über das Land zu verteilen. Die Zusammenarbeit der Monarchie der Capetinger, des Episkopates und der städtischen Bevölkerung an der Entwicklung der gotischen Kathedralen zeigt, welchen entscheidenden Einfluss der Wettstreit sozialer Kräfte ausüben kann. Doch diese Tätigkeit, so gewaltig sie auch ist, vermag ein statisches Problem nicht zu lösen, eine Wertbeziehung nicht herzustellen. Der Maurer, der zwei rechtwinklige gekreuzte Steinrippen unter dem Nordturm von Bayeux spannte, der den Spitzbogen in einem andersartigen Einfall in den Chorumgang von Morienval einbaute, der Schöpfer des Chores von Saint-Denis, sie alle waren rechnende Köpfe, die an festen Körpern arbeiteten und nicht Historiker, die die Zeit deuteten. Die aufmerksamste Erforschung der gleichartigsten Umwelt, der engste Zusammenhang zwischen einer Reihe von Tatsachen geben noch nicht den Aufriss der Türme von Laon. So wie der Mensch durch Anbau, durch Abholzung, durch Kanäle und Straßen das Antlitz der Erde verwandelt und eine Art einzig und allein von ihm ausgehender Geographie schafft, so erzeugt auch der Architekt neue Voraussetzungen für das historische Leben, für das soziale Leben, für das geistige Leben. Es erschafft nicht vorauszusehende Umwelten. Es befriedigt Bedürfnisse, erweckt neue. Es erfindet eine Welt.

Der Begriff der Umwelt darf also nicht kritiklos hingenommen werden.

Man muss ihn zerlegen, muss erkennen, dass er eine veränderliche Größe darstellt, eine Bewegung. Das Geographische, das Topographische und das Wirtschaftliche, obwohl sie zusammenhängen, sind nicht von gleichem Rang. Venedig, ist eine Zufluchtsstätte, die gewählt wurde, weil man sie unzugänglich glaubte, und ein Handelsplatz, der wegen seiner günstigen Zufahrt aufblühte. Seine Paläste sind Handelshäuser. Sie zeigen das Anwachsen seines Reichtums. Ihre Eingänge sind stolze Vorhallen, die gleichzeitig Uferdämme und Lagerräume sind. Die Wirtschaft passt sich hier der Topographie an und macht daraus ihr Bestes. Der aus dem Handel geborene Reichtum erklärt den Prunk, welcher sich mit einer Art Dreistigkeit auf den Fassaden breit macht, wie auch den arabischen Luxus einer Stadt, die gleichzeitig dem Osten und dem Westen offensteht. Die ständige Spiegelung des Wassers und ihr Widerschein, die in der Feuchtigkeit der Luft schwebenden Kristallkörnchen, haben bestimmte Träume, einen bestimmten Geschmack entstehen lassen, welche in der Fantasie der Dichter, in der Wärme der Koloristen herrlich zum Ausdruck kommen. Es scheint uns, dass wir nirgends besser als gerade hier durch die Gegebenheiten der Umwelt und sogar durch Zuhilfenahme einer ethnischen Mischung, die zu bestimmen nicht unmöglich sein sollte, an den zeitlichen Stammbaum des Kunstwerkes herankommen. Aber Venedig hat mit einer erstaunlichen Freiheit an Venedig selber gearbeitet; das scheinbar Widersinnige seiner Struktur wirkt den Elementen entgegen, diese Stadt setzt auf den Sand und das Wasser romanische Baumassen, sie schneidet aus einem regnerischen Himmel orientalische, für immer leuchtende Sonne berechnete Silhouetten heraus, sie hat nie davon abgelassen, durch besondere Einrichtungen, die Wasserbaubehörde, und durch Mauerwerke, die Murazzi, den Kampf gegen das Meer zu führen; und schließlich haben sich ihre Maler besonders an Wald- und Berglandschaften erfreut, deren grüne Täler sie sich aus den Karnischen Alpen herholten.

Es kommt also vor, dass der Maler seinem Milieu entflieht, um dafür ein anderes zu wählen. Hat er dieses gewählt, so verhandelt und erschafft er es von neuem, er überträgt ihm einen universellen und menschlichen Wert. Rembrandt, der zunächst Maler medizinischer Feierlichkeiten, des akademischen Sezierens ist, entflieht einem säuberlichen, bürgerlichen, strengen, anekdotischen Holland, diesem Freund der Kammermusik, der polierten Möbel, der mit Fliesen belegten Zimmer, und findet sich selbst in der Bibel, in ihrem leuchtenden Schmutz, ihrer Bohème in Lumpen, ihrer strahlenden Verlaustheit. Das Ghetto von Amsterdam war da, aber man musste sich hineindrängen und sich seiner bemächtigen, man musste darin unter dem verfetzten Plunder der portugiesischen Judenschaft die Beklemmung des Alten Testamentes aufleben lassen in dem Augenblick, wo es das Neue gebärt; man musste darin die Apokalypse des Lichtes aufglänzen lassen, eine mit der Nacht prophetischen Höhlen kämpfende Sonne. Inmitten dieser jahrhundertealten und zugleich lebendigen Welt, eifersüchtig verschlossen und voller Nomaden, stellt sich Rembrandt außerhalb von Holland, außerhalb der Zeit. Selbst im Ghetto konnte er ein Sittenmaler, der Chronist eines Quartiers sein: und es ist wichtig, ihn eben gerade nicht auf diese Maße zu beschränken. Man sieht sehr wohl, dass diese erwählte Umwelt nur deshalb von Bedeutung war, weil sie seinen Träumen Raum bot und sie begünstigte. Hier kamen sie mit der Erde in Berührung, hier nahmen sie Gestalt an. Die Welt Rembrandts passt sich diesen Träumen an, findet darin ein Mitschwingen, das ihn begeistert, aber er begrenzt sich nicht darin. Er zeugt Landschaften, ein Licht, eine Menschheit, die wohl aus Holland, aber aus einem übernatürlichen Holland stammen.

Der Fall Van Dyck wäre einer besonderen Analyse würdig. Er rührt an die Philosophie des Bildnisses, überdies beschäftigt er unsere Kritik unmittelbar. Man könnte sich fragen, ob dieser Prinz von Wales der Malerei, um ihm den von Fromentin[14] gegebenen Titel zu lassen, nicht in hohem Maße dazu beigetragen hat, trotz der allgemein angenommenen gegenteiligen Behauptung, ein soziales Milieu zu schaffen. Er lebt in einem noch rohen und gewalttätigen, von Revolutionen erschütterten England, das den triebhaften Freuden hingegeben ist und unter der leichten Politur des Hoflebens die Gelüste des »merry England« bewahrt hat. Er malt die englischen Helden und Heroinen mit seiner angeborenen Vornehmheit, selbst wenn er als Modelle kräftige Burschen vor sich hat, wie den dicken Endymion Porter; und aus den hübschen Mädchen, aus den Abenteurern der mondänen Galanterie holt er jenen Stolz der Züge, jenen weltmännisch zwanglosen Mut und selbst jene romantische Melancholie heraus, die zunächst ganz in ihm selbst liegen, und mit denen er, wie mit einem liebenswürdigen Siegel, die Dichter und Kriegsführer zeichnete. Der leuchtende Schmelz seiner Malerei trägt das seine dazu bei – diese kostbare, feine, fließende Materie, diese silberne Tonleiter, die den zartesten Luxus für das Auge ausmachen. Dies ist der Spiegel, den er dem englischen Snobismus vorhält, der sich von nun an, während Generationen, durch die Wandlungen der Mode hindurch mit Wohlgefallen darin spiegelt. Die Modelle von gestern strengen sich an, den Bildnissen von ehemals zu gleichen, und hinter diesen vorbildlichen Gestalten vermeint man die unsichtbare Anwesenheit des geheimen Ratgebers zu spüren.

Rasse und Umwelt schweben nicht über der Zeit. Beide sind durch die Zeit erlebt und geformt, und daher sind es recht eigentlich historische Gegebenheiten. Die Rasse ist eine Entwicklung, die Unregelmäßigkeiten, Verwandlungen, Austauschen unterworfen ist. Selbst das geographische Milieu, auf einem scheinbar unerschütterlichen Sockel ruhend, ist Verwandlungen zugänglich; was die sozialen Milieus betrifft, so geschieht auch ihre ungleichmäßige Aktivität in der Zeit. Daher spielt der Augenblick notwendigerweise mit herein. Was aber ist er? Wir haben gezeigt, dass die historische Zeit wohl eine Aufeinanderfolge ist, aber nicht als reiner Ablauf. Der Augenblick ist nicht irgendein Punkt auf einer Geraden, sondern eine Anschwellung, ein Knoten. Er ist auch nicht die zusammengezählte Summe der Vergangenheit, sondern der Schnittpunkt verschiedener Gegenwartsformen. Aber existiert nun zwischen den jeweiligen Momenten in der Entwicklung der Rasse, der Umwelt und eines Menschenlebens ein notwendiger Einklang? Vielleicht gehört es zum Charakter, der dem Kunstwerk eigen ist, diesen Einklang einzufangen, darzustellen und ihn bis zu einem gewissen Grade sogar hervorzurufen? Auf den ersten Blick scheint es, dass wir hier an das Wesentliche in der Beziehung zwischen Kunst und Geschichte rühren. Die Kunst erschiene dann als eine erstaunliche Reihe von chronologischen Erfolgen, als die Übertragung einer ganzen Stufenleiter von tiefgreifenden Zeitumständen in den Raum. Doch diese verlockende Ansicht ist oberflächlich. Das Kunstwerk ist zeitgemäß und unzeitgemäß. Rasse, Umwelt, Moment sind einer bestimmten Geistesfamilie nicht von Natur aus und ununterbrochen günstig. Der geistige Augenblick unseres Lebens fällt nicht notwendigerweise mit einer geschichtlichen Dringlichkeit zusammen, ja, er kann ihr sogar widersprechen. Der Zustand des Formen-Lebens geht mit dem Zustand des sozialen Lebens nicht von Rechts wegen im gleichen Schritt. Die Zeit, die das Kunstwerk trägt, bestimmt es weder in seinem Prinzip noch in seiner formalen Eigenheit. Es kann sogar nach ihren drei Richtungen abgleiten. Der Künstler lebt in einer Zeitgegend, die nicht notwendigerweise die Geschichte seiner Zeit ist. Er kann, wie wir es schon sagten, inbrünstiger Zeitgenosse seiner Epoche sein und diese Haltung sogar zu seinem Programm machen. Er kann mit ebensolcher Beharrlichkeit sich Beispiele und Modelle in der Vergangenheit wählen, sich darin eine vollkommene Umwelt schaffen. Er kann sich eine Zukunft gestalten, die gleichzeitig gegen Vergangenheit und Gegenwart verstößt. Ein plötzlicher Wechsel im Gleichgewicht seiner ethnischen Werte kann ihn in kategorischen Gegensatz zu seiner Umwelt, zu seiner Zeit stellen und in ihm eine revolutionäre Sehnsucht wecken. Dann sucht er nach der Welt, die er braucht. Gewiss, es gibt, wenigstens scheinbar, gemäßigte, leichte Genies, die von glücklichen Umständen getragen werden, wie ein gewisser Determinismus sich auszudrücken beliebt. Diese großen Lebensläufe mit der glatten Oberfläche verbergen Konflikte. Die Geschichte der Form bei Raffael, diesem mythischen Helden des Glücks, offenbart seine Krisen. Seine Zeit bietet ihm die mannigfaltigsten Bilder und die augenfälligsten Widersprüche. Er begünstigt abwechselnd in seiner Seele irgendeine Schwäche, irgendeine Fügsamkeit der Instinkte. Schließlich führt er in seine Epoche kühn eine neue Zeit, einen neuen Lebensbereich ein.

Diese besondere Macht wird uns in noch größeres Erstaunen setzen, wenn wir überlegen, dass der Erscheinungsmoment des Kunstwerkes nicht notwendigerweise der Moment des Geschmackes ist. Manche behaupten, dass die Geschichte des Geschmackes soziologische Bedingungen widerspiegelt, vorausgesetzt, dass man das Einwirken von Imponderabilien zugibt, die alles verändern können, wie z.B. das phantastische Element in der Mode. Der Geschmack kann die zweitrangigen Werte gewisser Werke bestimmen, ihren Ton, ihre Luft, ihre äußeren Gesetze. Gewisse Werke bestimmen den Geschmack, zeichnen ihn einschneidend. Dieser Einklang mit dem Moment, oder besser, diese Schöpfung des Momentes ist bald plötzlich und spontan, bald langsam, dumpf und schwierig. Man wäre versucht zu folgern, dass im ersten Fall das Werk plötzlich gebieterisch eine notwendige Aktualität dekretiert, die sich in schwachen Regungen noch nicht gefunden hat, während es im zweiten Fall seine eigene Aktualität erreicht, oder wie man sagt, dem augenblicklichen Geschmack vorauseilt. Aber sowohl im ersten wie im zweiten Fall stellt es, im Augenblick seiner Entstehung, eine Durchbruchserscheinung dar. Ein allgemein gebräuchlicher Ausdruck zeigt uns das aufs lebendigste: »faire date«, Epoche machen, heißt nicht, langsam in die Chronologie eingreifen, es heißt den Zeitpunkt erzwingen.

Dem Begriff des Augenblicks muss man also den Begriff des Ereignisses hinzufügen, der ihn korrigiert und vervollständigt. Was ist das Ereignis? Wir haben es eben gesagt: ein wirksames Erzwingen. Dieses Erzwingen kann relativ oder absolut sein, Berührung und Gegensatz zwischen zwei ungleichen Entwicklungen, oder Wandlung innerhalb einer von ihnen. Eine Form kann die erneuernde und revolutionäre Eigenschaft erwerben, ohne an sich Ereignis zu sein, nur durch die einfache Tatsache, dass sie von einer raschen Sphäre in eine langsame Sphäre übergeführt wird oder umgekehrt. Aber sie kann auch ebenso gut zum formalen Ereignis werden, ohne gleichzeitig historisches Ereignis zu sein. Wir erahnen so etwas, wie eine bewegliche Struktur der Zeit, in die verschiedene Arten von Beziehungen eingreifen, je nach der Verschiedenheit der Bewegungen. Sie ist in ihrem Grundelement jener Konstruktion des Raumes, der Materie und des Geistes analog, von denen uns das Studium der Formen zahlreiche Beispiele und, vielleicht, einige allgemeine Regeln gezeigt hat. Wenn das Kunstwerk formale Welten schafft, welche die Bestimmung der menschlichen Umwelt beeinflussen, wenn die geistigen Familien eine historische und psychologische Wirklichkeit besitzen, die nicht weniger offenbar ist als die sprachlichen Gruppen und die völkerkundlichen Gruppen, dann ist es auch Ereignis, d.h. Struktur und Bestimmung der Zeit. Diese durch das Leben der Formen hervorgerufen Familien, Milieus, Ereignisse, wirken ihrerseits auf das Leben der Formen und auf das geschichtliche Leben. Sie arbeiten zusammen mit den Zeitpunkten in der Kulturentwicklung, mit den natürlichen und den sozialen Milieus, mit den Menschenrassen. Es ist diese Mannigfaltigkeit der Faktoren, die sich der Strenge des Determinismus widersetzt und die, weil sie ihn in zahllose Aktionen und Reaktionen zerstückelt, von überallher Risse und Unstimmigkeiten hervorruft. In diesen imaginären Welten, deren Geometer und Mechaniker, Physiker und Chemiker, Psychologe und Historiker der Künstler ist, schreitet die Form ständig durch das Spiel der Verwandlungen von ihrer Gebundenheit zu ihrer Freiheit.

Anmerkungen

1 E. Mâle, *L'art religieux du XIIe siècle en France*, Paris 1923. – *L' art religieux du XIIIe siècle en France*, Paris 1931.

2 M. Barrès, *Le mystère en pleine lumière*, Paris 1926.

3 M. Bréal, *Essai de sémantique*, Science des significations, Paris 1924.

4 A. Darmesteter, *La vie des mots*, Paris 1899.

5 A. de Caumont, *Abécédaire d'archéologie francaise*, Caen 1850 et 1870.

6 J. Baltrusaitis, *La stylistique ornementale dans la sculpture romane*, Paris 1931.

7 L. Bréhier, *L'art en France des invasions barbares à l'époque roman*, Paris o.J.

8 W. Déonna, *Du miracle grec au mircacle chrétien*, 3 Bände, Basel 1945-48.

9 Viollet-le-Duc, *Dictionnaire raisonné de l'architecture francaise*, T. VII; Paris 1865, Artikel Proportions, p. 539-542.

10 – Artikel Porte, p. 314 ff.

11 G. Flaubert, *Notes de voyages*, Paris 1902.

12 Bacon, siehe E. Gilson, *La philosophie du moyen-age*, Paris 1930.

13 H. Taine, *Philosophie de l'art*, Paris 1903.

14 E. Fromentin, *Les maîtres d'autrefois*, Basel 1947.

Titel des französischen Originals:
Vie des Formes (1934)

Die deutsche Übersetzung von Gritta Baerlocher erschien 1954 im A. Francke Verlag, Bern. Für die vorliegende Ausgabe wurde der Text auf Neue Deutsche Rechtschreibung umgestellt.

1. Auflage 2019

Übersetzung: Gritta Baerlocher unter der
fachlichen Mitarbeit von Dr. Paul Quensel
Buchgestaltung: Holger Feroudj / Steidl Design

Satz, Druck, Bindung:
Steidl, Düstere Straße 4, 37073 Göttingen
steidl.de

Printed in Germany by Steidl
ISBN 978-3-95829-589-6